Javier Alberto Bernal Ruiz
Antonio Wanceulen Moreno
José Fco. Wanceulen Moreno

400 JUEGOS Y EJERCICIOS DE EDUCACIÓN FÍSICA DE BASE:
PARA NIÑOS DE 10 A 12 AÑOS

©Copyright: Los autores
©Copyright: De la presente Edición, Año 2017 WANCEULEN EDITORIAL

Título: 400 JUEGOS Y EJERCICIOS DE EDUCACIÓN FÍSICA DE BASE: PARA NIÑOS DE 10 A 12 AÑOS
Autores: JAVIER ALBERTO BERNAL RUIZ, ANTONIO WANCEULEN MORENO Y JOSÉ FRANCISCO WANCEULEN MORENO

Editorial: WANCEULEN EDITORIAL
Sello Editorial: WANCEULEN EDITORIAL DEPORTIVA

ISBN (Papel): 978-84-9993-771-7
ISBN (Ebook): 978-84-9993-772-4

Impreso en España. 2017.

WANCEULEN S.L.
C/ Cristo del Desamparo y Abandono, 56 - 41006 Sevilla
Dirección web: www.wanceuleneditorial.com y www.wanceulen.com
Email: info@wanceuleneditorial.com

Reservados todos los derechos. Queda prohibido reproducir, almacenar en sistemas de recuperación de la información y transmitir parte alguna de esta publicación, cualquiera que sea el medio empleado (electrónico, mecánico, fotocopia, impresión, grabación, etc), sin el permiso de los titulares de los derechos de propiedad intelectual. Cualquier forma de reproducción, distribución, comunicación pública o transformación de esta obra solo puede ser realizada con la autorización de sus titulares, salvo excepción prevista por la ley. Diríjase a CEDRO (Centro Español de Derechos Reprográficos, www.cedro.org) si necesita fotocopiar o escanear algún fragmento de esta obra.

ÍNDICE

100 Ejercicios Y Juegos de Coordinación Dinámica General para niños de 8 a 10 años 7

100 Ejercicios Y Juegos de Coordinación Óculo Motriz para niños de 8 a 10 años 65

100 Ejercicios Y Juegos de Imagen y Percepción Corporal para niños de 8 a 10 años 123

100 Ejercicios Y Juegos de Percepción Espacial y Temporal para niños de 8 a 10 años 181

100 Ejercicios Y Juegos de Coordinación Dinámica General para niños de 10 a 12 años

Introducción

Uno de los objetivos que debemos tener presentes todos los docentes especialistas en Educación Física es el de *Educar a través del Movimiento*. Esto implica básicamente que nuestros alumnos sean capaces de afrontar los diversos problemas que les plantea el entorno de la forma más eficaz posible, utilizando para ello los recursos de que dispone su propio cuerpo. Dichas herramientas son variadas (cualidades perceptivo-motrices, cualidades físicas, esquema corporal, Sistema Nervioso Central...), pero si concebimos al ser humano de una manera integral es lógico pensar entonces que deban utilizarse todas a la vez, o al menos en la misma dirección, para obtener el mejor de los desarrollos posibles.

En las siguientes páginas vamos a ofrecerles el entramado teórico que envuelve a uno de los principales recursos corporales, la Coordinación, así como un amplio repertorio de actividades para trabajar de forma específica la Coordinación Dinámica General con sus alumnos de 10 a 12 años de edad.

Concepto

Cuando vemos que un alumno se desplaza sorteando obstáculos sin derribarlos, cuando recibe un balón de baloncesto, lo bota y lo vuelve a pasar a un compañero, cuando esquiva la pelota que le han lanzado jugando a balontiro, o cuando, por ejemplo, trepa por una espaldera y desciende sin tocar los peldaños prohibidos, decimos que es un alumno coordinado. Del mismo modo, cuando vemos que lanza un balón a canasta y no toca ni el tablero, o cuando trata de completar un recorrido en zigzag y se salta algún cono, decimos que es descoordinado, pero... ¿qué es exactamente la Coordinación?

La Coordinación es una capacidad perceptivo motriz (junto al equilibrio) con la que adaptamos nuestro movimiento a las necesidades del entorno que nos rodea, poniendo en funcionamiento la musculatura necesaria en el momento adecuado, con una velocidad e intensidad acordes a dichos requerimientos.

Para considerar que un movimiento es coordinado podríamos prestar atención a las siguientes premisas:

- Existe una contracción de los músculos que resultan útiles para la realización del movimiento que nos llevará a cumplir el objetivo, así como

una relajación de los músculos que no están implicados en el movimiento para facilitarlo o no interferir en él.

- Se han tenido en cuenta las distancias y colocación respecto a otros jugadores, objetos..., es decir, si se ha tenido conciencia del espacio en el que estamos (percepción espacial).
- Del mismo modo, se deben tener en cuenta las velocidades a las que se desplazan los objetos y jugadores del entorno, así como la nuestra (percepción temporal).
- Las dos anteriores son prácticamente inseparables, dando lugar a las trayectorias. Se debe haber tenido en cuenta, por tanto, la relación espacio-tiempo (percepción espacio-temporal) de cada uno de los elementos de la tarea.

Determinantes de la Coordinación

Son bastantes los factores que intervienen en el desarrollo de la Coordinación. Algunos de los más influyentes son:

- El **Esquema Corporal**: en cuanto a la capacidad de conocer y ser capaces de representar nuestro propio cuerpo, ya sea en reposo o en movimiento. Corre con la responsabilidad de hacer comprender cuál es la posición del cuerpo en cualquier instante, así como de conocer cuáles son los límites o posibilidades del mismo.
- El **Sistema Nervioso Central**: encargado de recibir los estímulos internos y externos al cuerpo, elaborar una respuesta, y transmitir la información para llevarla a cabo.
- Las **Cualidades Físicas Básicas**: cuantifican las posibilidades de nuestro movimiento considerando la Fuerza, Resistencia, Flexibilidad y Velocidad de cada organismo.
- El **Equilibrio**: como mecanismo de control de nuestro cuerpo y del movimiento que realizamos.
- **Herencia**: todos los componentes vienen determinados por la genética de cada individuo.
- **Edad / Aprendizaje**: las capacidades coordinativas comienzan a desarrollarse hacia los 4 años, produciéndose un afianzamiento de las mismas cuando se alcanzan los 12 años. Durante este tiempo es conveniente exponer al organismo al mayor número de experiencias de

Introducción

Uno de los objetivos que debemos tener presentes todos los docentes especialistas en Educación Física es el de *Educar a través del Movimiento*. Esto implica básicamente que nuestros alumnos sean capaces de afrontar los diversos problemas que les plantea el entorno de la forma más eficaz posible, utilizando para ello los recursos de que dispone su propio cuerpo. Dichas herramientas son variadas (cualidades perceptivo-motrices, cualidades físicas, esquema corporal, Sistema Nervioso Central...), pero si concebimos al ser humano de una manera integral es lógico pensar entonces que deban utilizarse todas a la vez, o al menos en la misma dirección, para obtener el mejor de los desarrollos posibles.

En las siguientes páginas vamos a ofrecerles el entramado teórico que envuelve a uno de los principales recursos corporales, la Coordinación, así como un amplio repertorio de actividades para trabajar de forma específica la Coordinación Dinámica General con sus alumnos de 10 a 12 años de edad.

Concepto

Cuando vemos que un alumno se desplaza sorteando obstáculos sin derribarlos, cuando recibe un balón de baloncesto, lo bota y lo vuelve a pasar a un compañero, cuando esquiva la pelota que le han lanzado jugando a balontiro, o cuando, por ejemplo, trepa por una espaldera y desciende sin tocar los peldaños prohibidos, decimos que es un alumno coordinado. Del mismo modo, cuando vemos que lanza un balón a canasta y no toca ni el tablero, o cuando trata de completar un recorrido en zigzag y se salta algún cono, decimos que es descoordinado, pero... ¿qué es exactamente la Coordinación?

La Coordinación es una capacidad perceptivo motriz (junto al equilibrio) con la que adaptamos nuestro movimiento a las necesidades del entorno que nos rodea, poniendo en funcionamiento la musculatura necesaria en el momento adecuado, con una velocidad e intensidad acordes a dichos requerimientos.

Para considerar que un movimiento es coordinado podríamos prestar atención a las siguientes premisas:

- Existe una contracción de los músculos que resultan útiles para la realización del movimiento que nos llevará a cumplir el objetivo, así como

una relajación de los músculos que no están implicados en el movimiento para facilitarlo o no interferir en él.

- Se han tenido en cuenta las distancias y colocación respecto a otros jugadores, objetos..., es decir, si se ha tenido conciencia del espacio en el que estamos (percepción espacial).
- Del mismo modo, se deben tener en cuenta las velocidades a las que se desplazan los objetos y jugadores del entorno, así como la nuestra (percepción temporal).
- Las dos anteriores son prácticamente inseparables, dando lugar a las trayectorias. Se debe haber tenido en cuenta, por tanto, la relación espacio-tiempo (percepción espacio-temporal) de cada uno de los elementos de la tarea.

Determinantes de la Coordinación

Son bastantes los factores que intervienen en el desarrollo de la Coordinación. Algunos de los más influyentes son:

- El **Esquema Corporal**: en cuanto a la capacidad de conocer y ser capaces de representar nuestro propio cuerpo, ya sea en reposo o en movimiento. Corre con la responsabilidad de hacer comprender cuál es la posición del cuerpo en cualquier instante, así como de conocer cuáles son los límites o posibilidades del mismo.
- El **Sistema Nervioso Central**: encargado de recibir los estímulos internos y externos al cuerpo, elaborar una respuesta, y transmitir la información para llevarla a cabo.
- Las **Cualidades Físicas Básicas**: cuantifican las posibilidades de nuestro movimiento considerando la Fuerza, Resistencia, Flexibilidad y Velocidad de cada organismo.
- El **Equilibrio**: como mecanismo de control de nuestro cuerpo y del movimiento que realizamos.
- **Herencia**: todos los componentes vienen determinados por la genética de cada individuo.
- **Edad / Aprendizaje**: las capacidades coordinativas comienzan a desarrollarse hacia los 4 años, produciéndose un afianzamiento de las mismas cuando se alcanzan los 12 años. Durante este tiempo es conveniente exponer al organismo al mayor número de experiencias de

aprendizaje posible para que desarrollemos la coordinación en todo su potencial.

- o **Fatiga Muscular**: puesto que altera el ritmo de contracción-relajación de la musculatura.
- o **Tensión Nerviosa**: tanto una tensión como una relajación excesivas provocan movimientos descoordinados.

Tipos de Coordinación

Le Boulch (1980), Porta (1988) y Seirullo (1993), entre otros autores, hacen referencia a la **Coordinación Dinámica General** como a aquella que tiene lugar cuando se ponen en funcionamiento gran parte o la totalidad de segmentos corporales (o musculatura). Esto implica, por regla general, situaciones de desplazamiento.

Dalila Molina (1977), expone el concepto de **Coordinación Visomotriz** para referirse a los movimientos manuales o corporales que surgen como respuesta a un estímulo visual, teniendo como finalidad la adaptación del movimiento a dicho estímulo. Este mismo concepto es denominado por otros autores como **Coordinación Óculo-Motriz** o **Coordinación Dinámica Segmentaria** (Seirulo, 1993 y Le Boulch, 1980), desglosándolo en Coordinación Óculo-Manual (cuando la relación aparece entre el sentido de la vista y las extremidades superiores), y Coordinación Óculo-Pédica (cuando la relación ocurre entre la vista y las extremidades inferiores). En la bibliografía específica sobre este tema podemos encontrar otro término que hace referencia a la coordinación existente entre el sentido de la vista y la ejecución de una tarea con la cabeza, denominándosele entonces coordinación Óculo-Cefálica.

Consideraciones para el trabajo de la Coordinación

La Coordinación es una capacidad que puede desarrollarse hasta la edad adulta, aunque nos interesa conocer que es desde aproximadamente los 4 años hasta los 12 el período clave para sentar las bases de su trabajo. En este intervalo de tiempo debemos exponer a nuestros alumnos al mayor número de experiencias posibles (y también lo más variadas), controlando en todo momento los tiempos de trabajo y descanso para evitar sobrecargas.

Algunas de las actividades tipo que podemos desarrollar aparecen en la siguiente tabla:

DESPLAZAMIENTOS	SALTOS	GIROS	LANZAMIENTOS	RECEPCIONES
Marchas Carreras Cuadrupedia Reptaciones ...	Con carrera Sin carrera Con 1 pie Con 2 pies ...	Sobre cada eje (longitudinal, anteroposterior, transversal) Según el apoyo (suspensión, suelo...)	Acompañamientos Golpeos Una mano Dos manos Pie ...	Paradas Controles Desvíos Una mano Dos manos ...

De vital importancia resulta presentar las propuestas que exponemos en las siguientes páginas de la manera más sencilla posible, intentando que nuestros alumnos encuentren las soluciones de ejecución mediante un procedimiento de ensayo-error. De esta forma conseguiremos aprendizajes realmente efectivos, además de posibilitar el desarrollo de la autoestima del alumno por ser el propio responsable de su éxito.

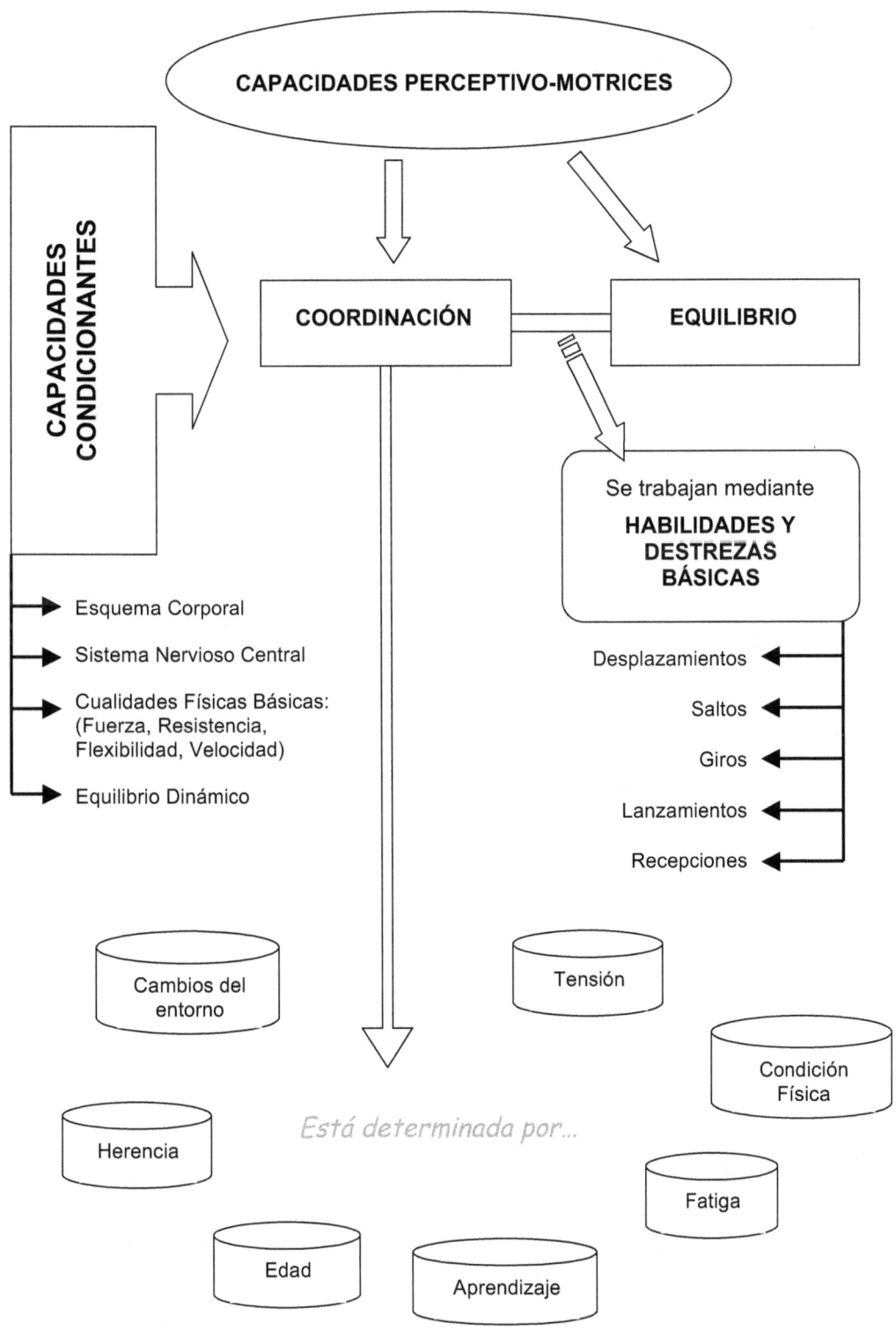

| ACTIVIDAD Nº 1 | Desplazarse por todo el espacio de trabajo corriendo de forma variada, (de lado, hacia atrás, saltando…). |

| ACTIVIDAD Nº 2 | Desplazarse por el terreno de juego escribiendo con nuestra trayectoria una letra, un número… |

ACTIVIDAD Nº 3

Desplazarse por el espacio de trabajo dando pasos cortos y, a la señal del profesor, cambiar a zancadas amplias.

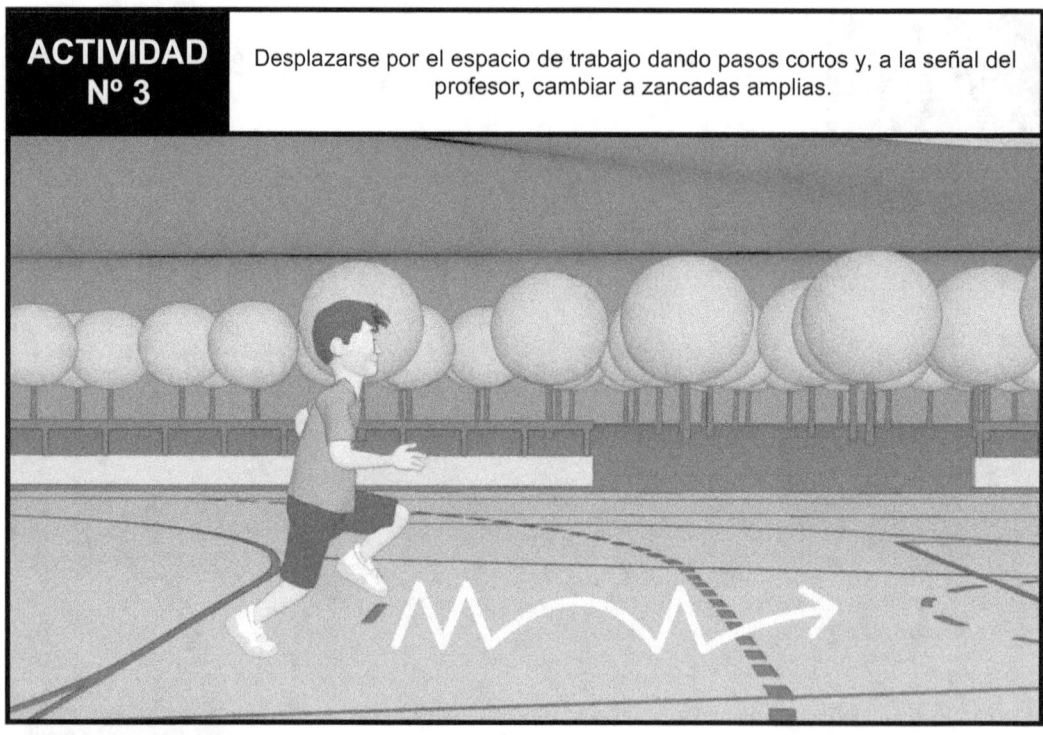

ACTIVIDAD Nº 4

Desplazarse lateralmente cruzando las piernas.

ACTIVIDAD Nº 5 — Desplazarse por el espacio de trabajo dando una palmada por debajo de la pierna adelantada.

ACTIVIDAD Nº 6 — Desplazarse por el espacio de trabajo incidiendo en el movimiento del pie, punta-tacón, y tacón-punta.

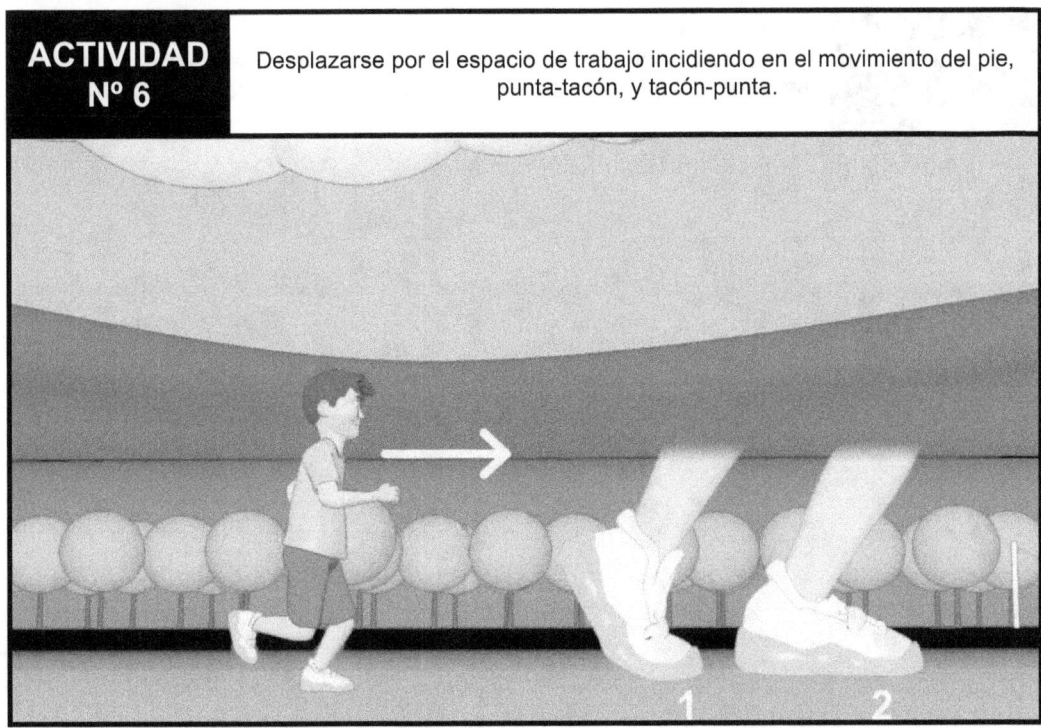

ACTIVIDAD Nº 7

Desplazarse por el espacio delimitado echando el peso sobre diferentes partes del pie: exterior, interior, talón, punta…

ACTIVIDAD Nº 8

Desplazarse por el terreno de juego siguiendo la secuencia que indica el profesor: tres pasos cortos y tres largos, un paso largo y cinco pequeños…

ACTIVIDAD Nº 09

Desplazarse por el espacio de trabajo haciendo skipping, elevando la rodilla a la altura de las caderas

ACTIVIDAD Nº 10

Desplazarse por el espacio de trabajo haciendo talones al glúteo, llevando los talones hacia atrás y hacia arriba.

ACTIVIDAD Nº 11 — Desplazarse por el espacio de trabajo corriendo y, a la señal del profesor dar un salto y continuar la carrera.

ACTIVIDAD Nº 12 — Individualmente o en carrera de relevo, llegar hasta una pared y volver.

ACTIVIDAD Nº 13

Realizar una carrera de relevo, en la que nos sentamos en la posición de nuestro siguiente compañero.

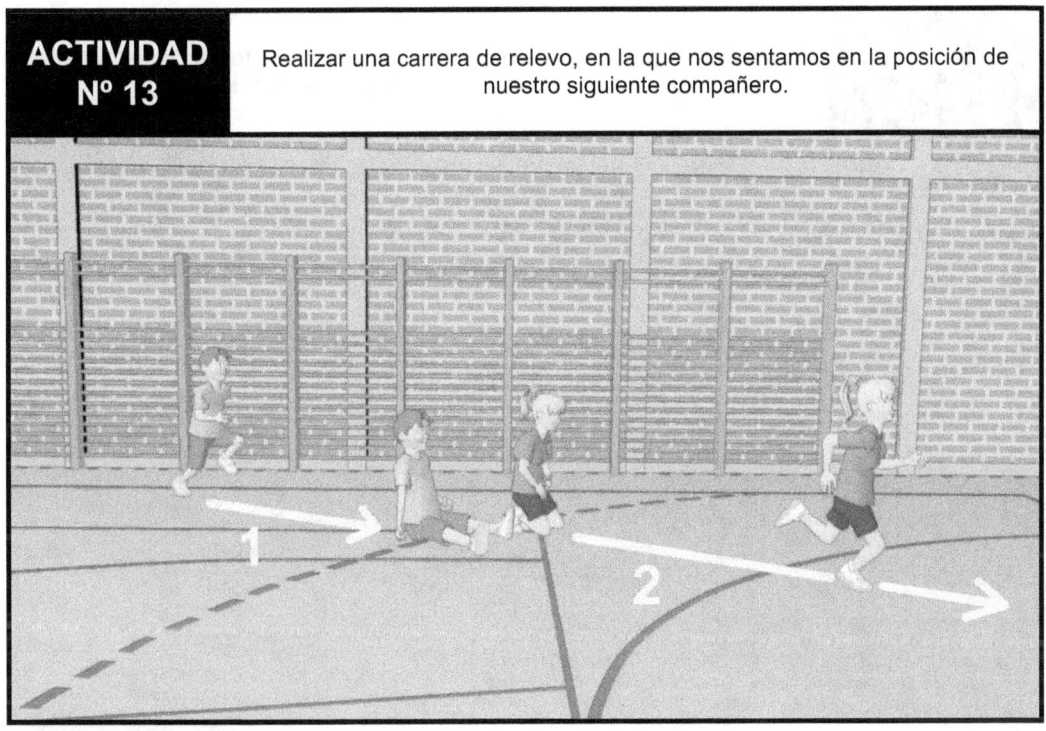

ACTIVIDAD Nº 14

Por parejas, hacer carreras hasta un punto establecido.

ACTIVIDAD Nº 15 — Por parejas, el primero corre hasta su compañero y, al tocarlo, intenta correr hasta el punto inicial sin que éste lo pille.

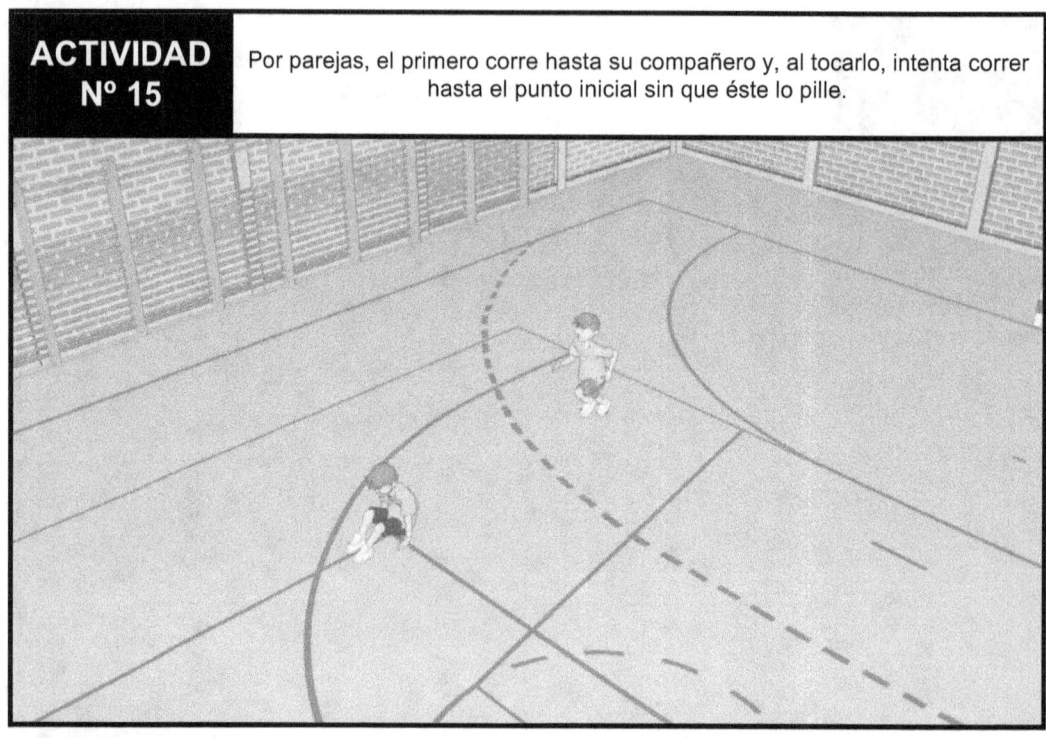

ACTIVIDAD Nº 16 — Tras colocar varias colchonetas en el suelo, desplazarse por encima de éstas gateando y corriendo o saltando cuando no haya.

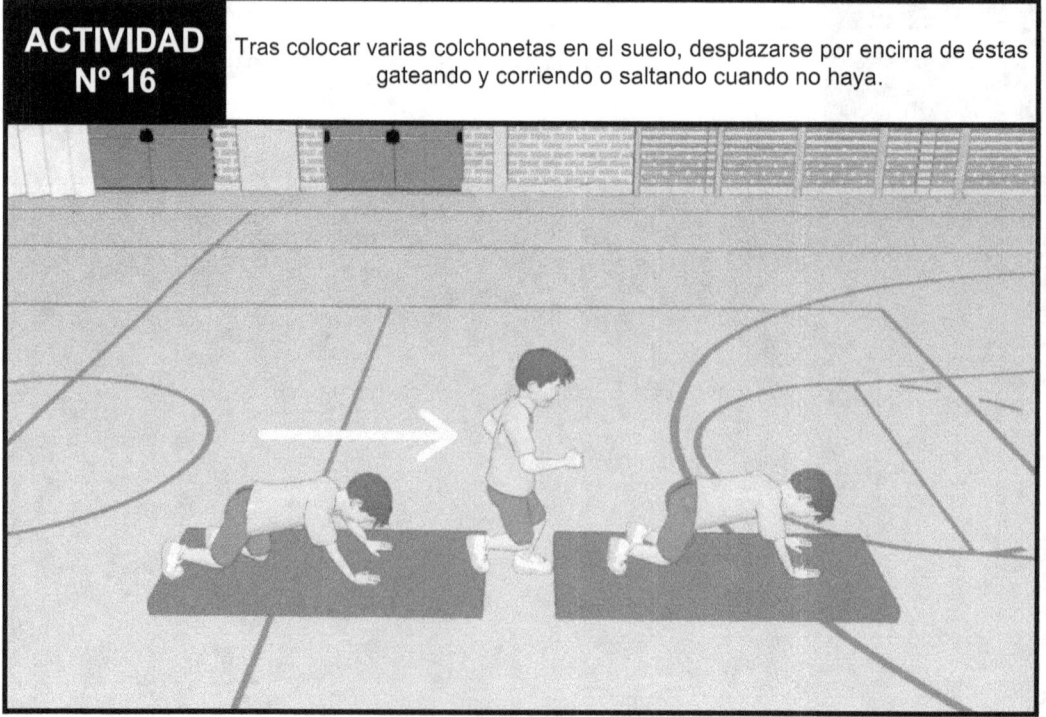

ACTIVIDAD Nº 17

Tras colocar dos colchonetas en el suelo, desplazarse sobre la primera en cuadrupedia y en el sentido contrario en la segunda.

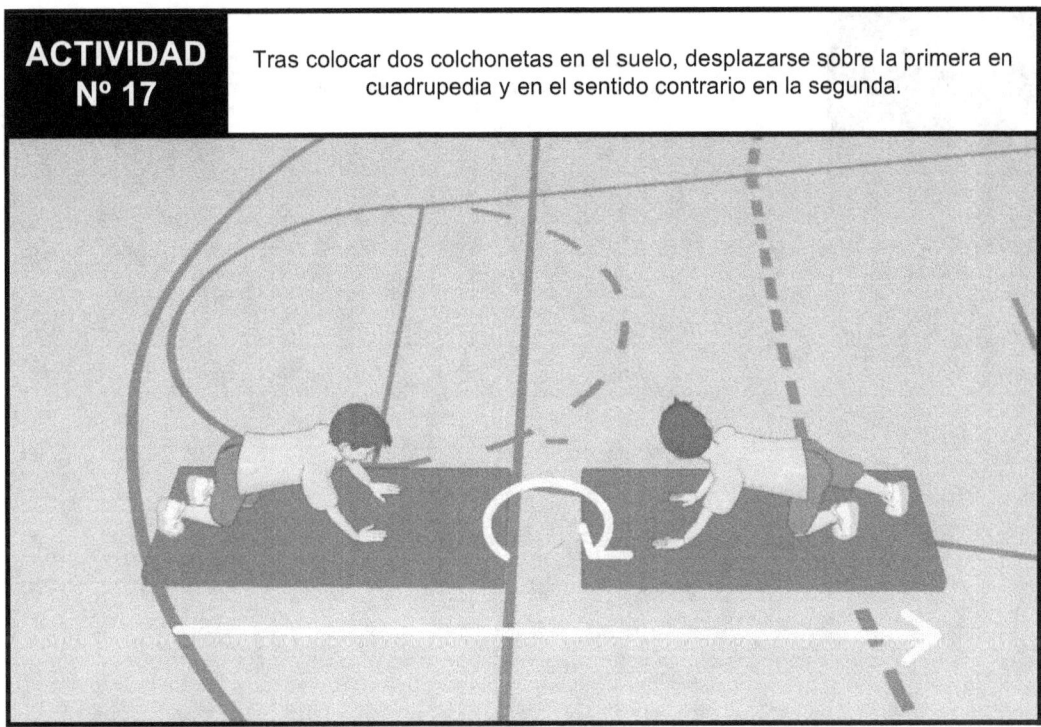

ACTIVIDAD Nº 18

Igual que el ejercicio anterior, pero ahora en la segunda vamos haciendo el cangrejo.

ACTIVIDAD Nº 19 — Tras colocar un obstáculo entre dos colchonetas, realizar todo el recorrido en cuadrupedia sin levantarse en ningún momento.

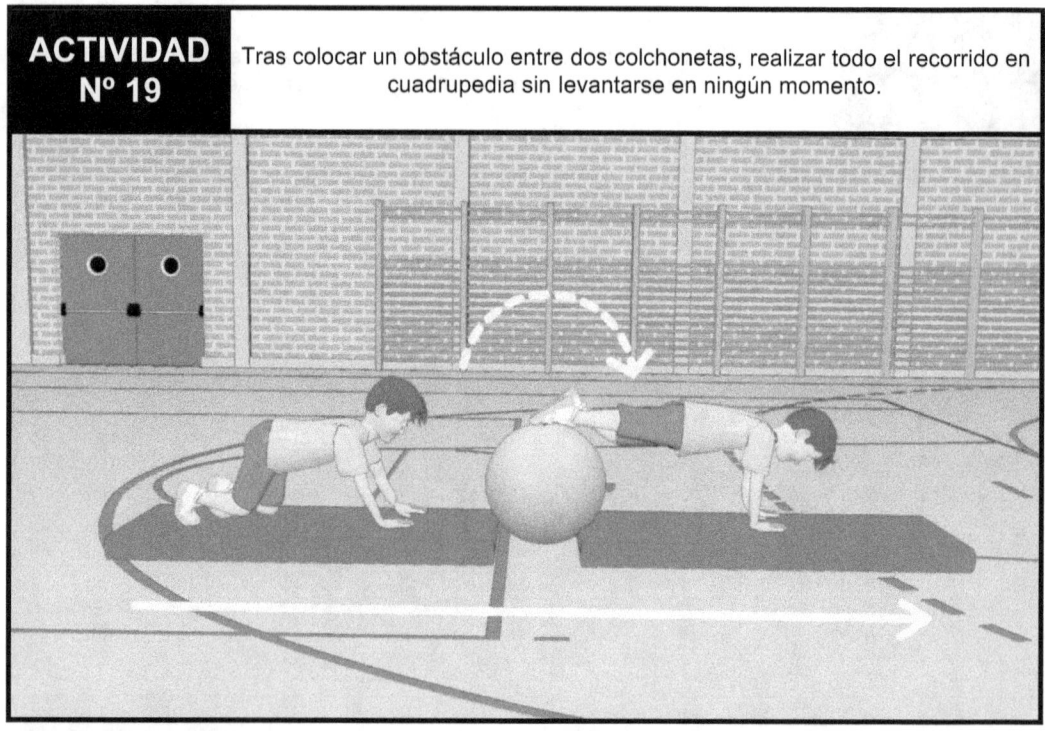

ACTIVIDAD Nº 20 — Por parejas o en filas, el primero se arrodilla en el suelo para que su compañero lo salte después cambio de roles.

ACTIVIDAD Nº 21 — Igual que el ejercicio anterior, pero ahora el alumno al que hay que saltar se coloca en cuclilla, o un poco más alto.

ACTIVIDAD Nº 22 — En grupos, el primero salta sobre sus compañeros que están situados de forma diferentes. Cuando llega al final se coloca en el suelo y el que queda primero se levanta y comienza el recorrido.

ACTIVIDAD Nº 23: Igual que el ejercicio anterior, pero ahora cada alumno al que debemos saltar se coloca en una parte del terreno de juego y en posición de "pídola".

ACTIVIDAD Nº 24: Igual que el ejercicio anterior, pero ahora los compañeros a los que hay que saltar se colocan en diferentes posiciones (pídola, acostados, arrodillados...).

| ACTIVIDAD Nº 25 | Tras haber dividido la clase en grupos, hacer carreras de relevo en la misma disposición que en el ejercicio 22. ¿Qué grupo llega más rápido al final? |

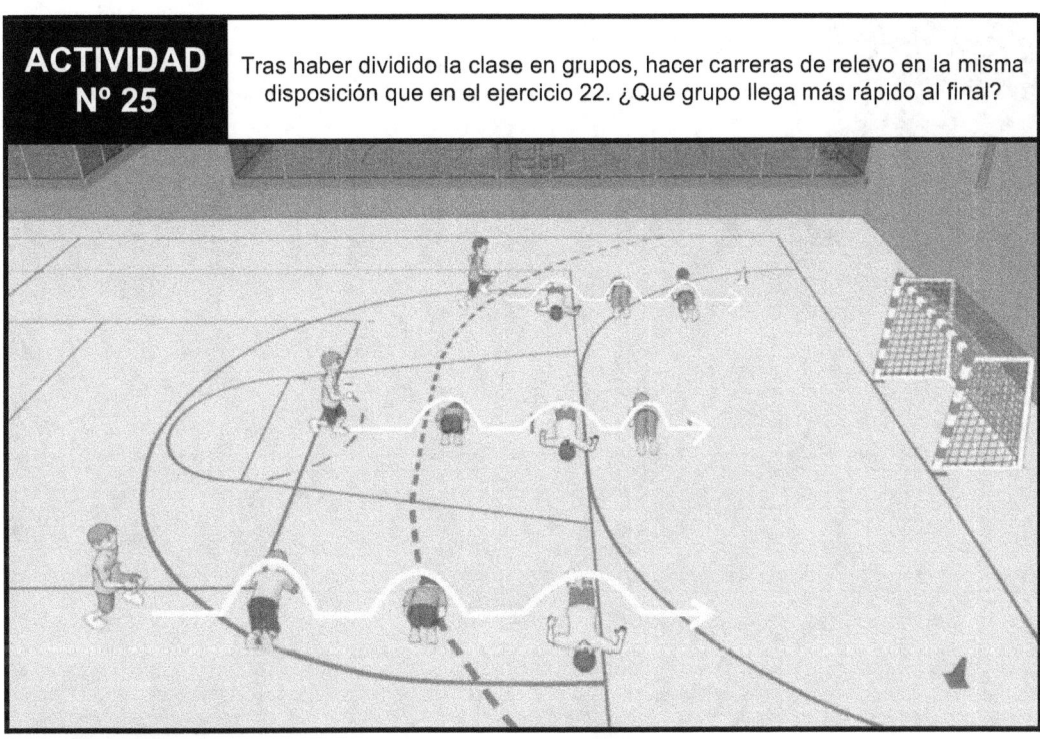

| ACTIVIDAD Nº 26 | Igual que en el ejercicio anterior, pero ahora no vale apoyarse sobre ninguno de los compañeros. |

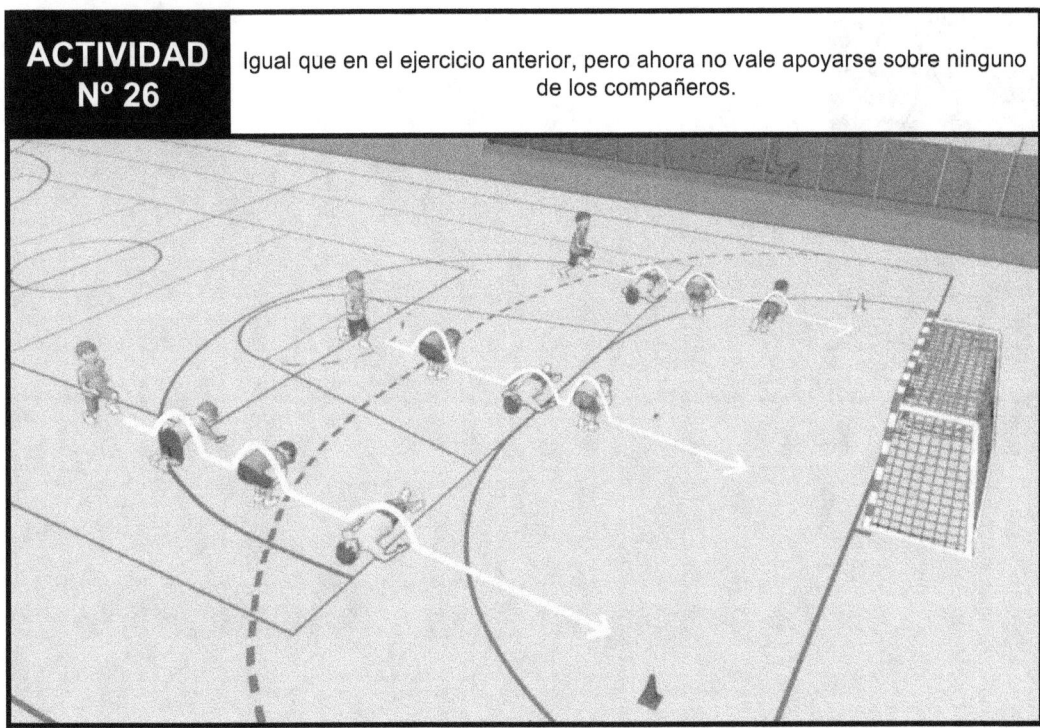

ACTIVIDAD Nº 27 — Jugar al coger pudiendo salvarnos si nos quedamos en posición de pídola. Cuando un compañero nos salta podemos continuar moviéndonos.

ACTIVIDAD Nº 28 — Desplazarse por dentro de los aros saltando desde el último hacia una colchoneta.

ACTIVIDAD Nº 29

Tras colocar varios aros delante de una colchoneta, saltar los tres primeros a pies juntos y correr sobre el resto para saltar desde el último hasta una colchoneta.

ACTIVIDAD Nº 30

Al revés que en el ejercicio anterior, corremos sobre los primeros aros y saltamos con los pies juntos en los tres últimos, y desde ahí saltamos a la colchoneta.

ACTIVIDAD Nº 31

Igual que en los ejercicios anteriores, pero ahora damos dos pasos en cada aros.

ACTIVIDAD Nº 32

Pisar con un pie donde hay un aro y, con un pie en cada aro donde hay dos. Para saltar desde el último hasta una colchoneta.

ACTIVIDAD Nº 33

Desplazarse pisando una vez en cada aro, situado éstos en dos filas desiguales, y saltando desde el último hasta una colchoneta.

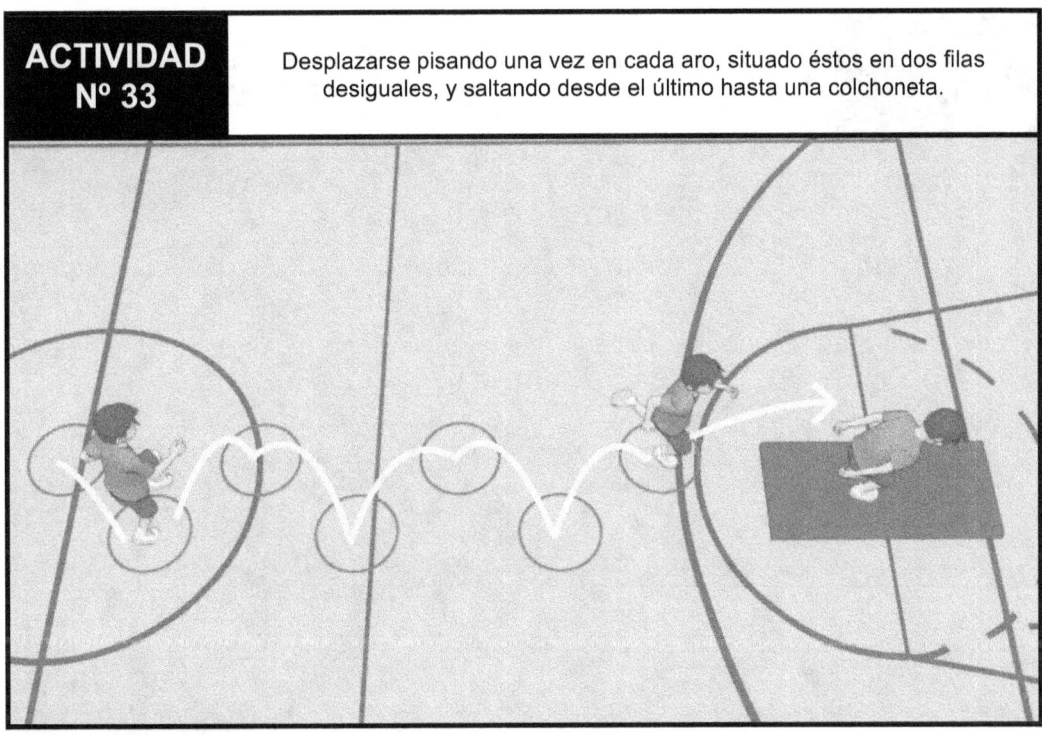

ACTIVIDAD Nº 34

Desplazarse por los aros, a pata coja (pierna hábil o débil) o con pies juntos donde hay un aro y con un pie en cada aro donde hay dos, obligando al alumno a que en las tres últimas posiciones realicen pies juntos, un pie en cada aro, pata coja, y salto a la colchoneta.

ACTIVIDAD Nº 35

Tras colocar varias filas de aros delante de una colchoneta, dejar que los alumnos inventen cualquier secuencia de apoyo antes de saltar.

ACTIVIDAD Nº 36

Desplazarse por el espacio de trabajo, saltando las colchonetas a lo ancho y sin tocarlas.

ACTIVIDAD Nº 37 Igual que el ejercicio anterior pero ahora intentamos saltar alguna a lo largo.

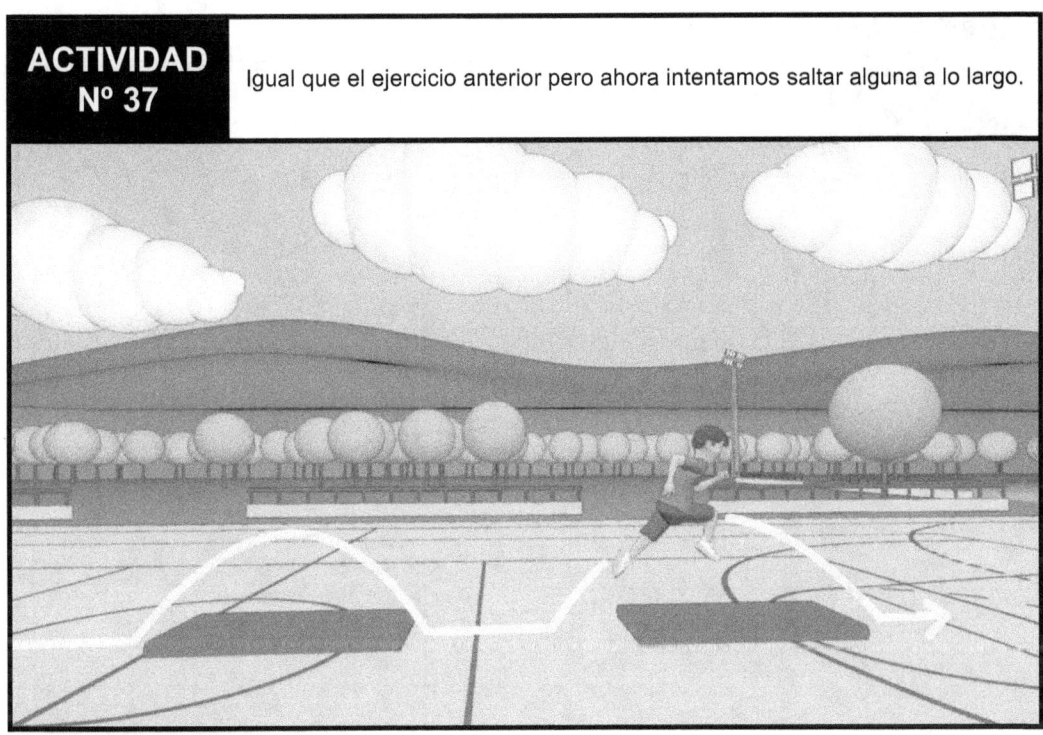

ACTIVIDAD Nº 38 Tras colocar todo del espacio de trabajo lleno de colchoneta, saltar de una a otra sin tocar el suelo.

ACTIVIDAD Nº 39 — Situado en el extremo de una colchoneta, correr por encima de ésta y llegar hasta la siguiente.

ACTIVIDAD Nº 40 — Desplazarse a diferentes velocidades, hasta un aro y batir desde dentro de éste hasta una colchoneta.

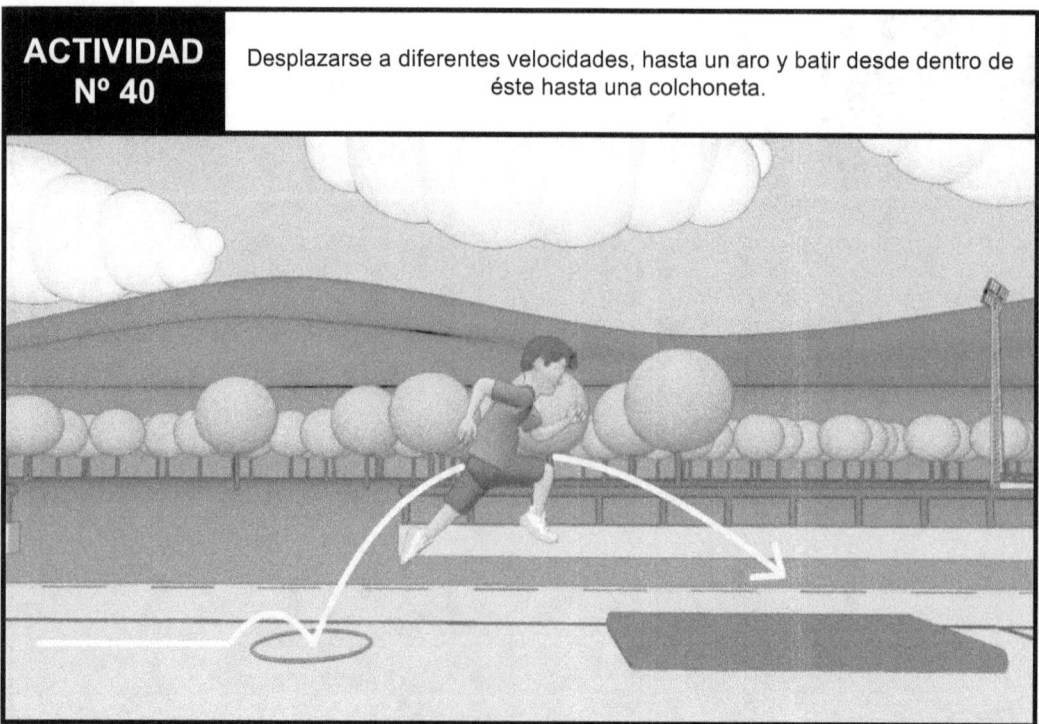

ACTIVIDAD Nº 41

Igual que el ejercicio anterior, pero ahora batimos antes de llegar al aro.

ACTIVIDAD Nº 42

Igual que el ejercicio 40, pero ahora batimos desde el aro e intentamos saltar la colchoneta sin tocarla.

ACTIVIDAD Nº 43

Desplazarse por encima de las colchonetas, saltando de una a otra sin tocar los aros.

ACTIVIDAD Nº 44

Tras desplazarse por encima de un banco sueco, dejarse caer con pies juntos y saltar dentro del aro.

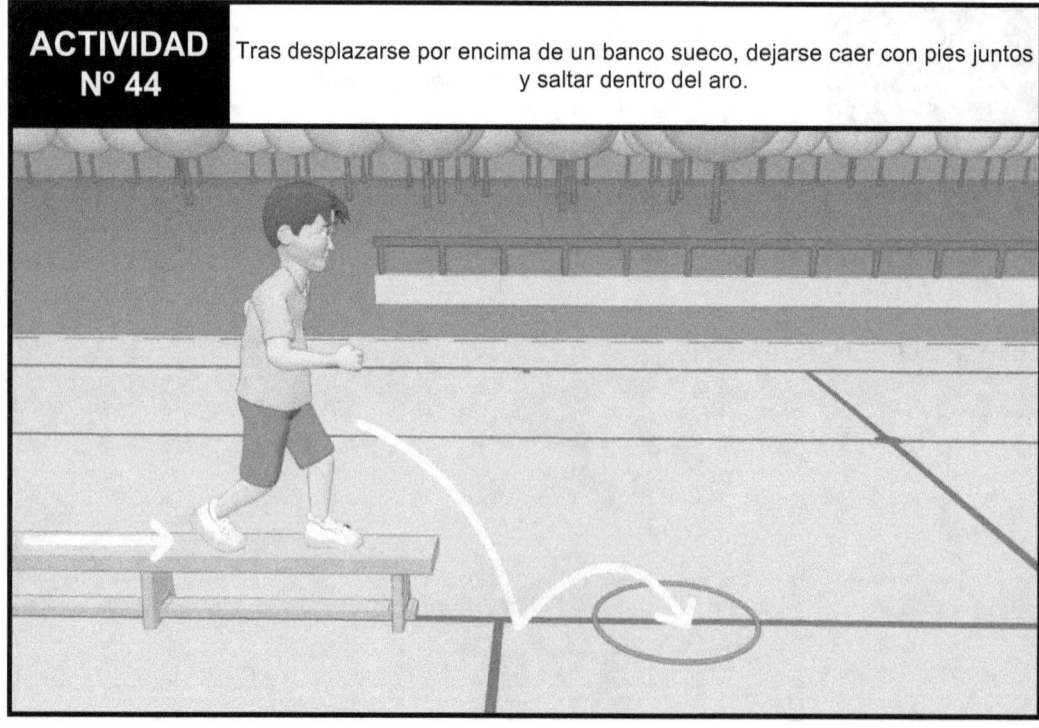

| ACTIVIDAD Nº 45 | Tras desplazarse a diferentes velocidades sobre un banco sueco continuar corriendo y saltar dentro de un aro cayendo dentro con los dos pies juntos. |

| ACTIVIDAD Nº 46 | Tras desplazarse por encima de un banco sueco a diferentes velocidades, saltar hasta un aro, caer con los pies juntos, y salir de él para continuar corriendo. |

ACTIVIDAD Nº 47 — Tras desplazarse por encima de un banco sueco a diferentes velocidades, dejarse caer con los pies juntos y saltar el aro sin tocarlo.

ACTIVIDAD Nº 48 — Tras desplazarse por encima de un banco sueco a diferentes velocidades, saltar cayendo con un pie a un lado del aro y el otro dentro.

| ACTIVIDAD N° 49 | Tras desplazarse a diferentes velocidades por un banco sueco, saltar el aro sin tocarlo. |

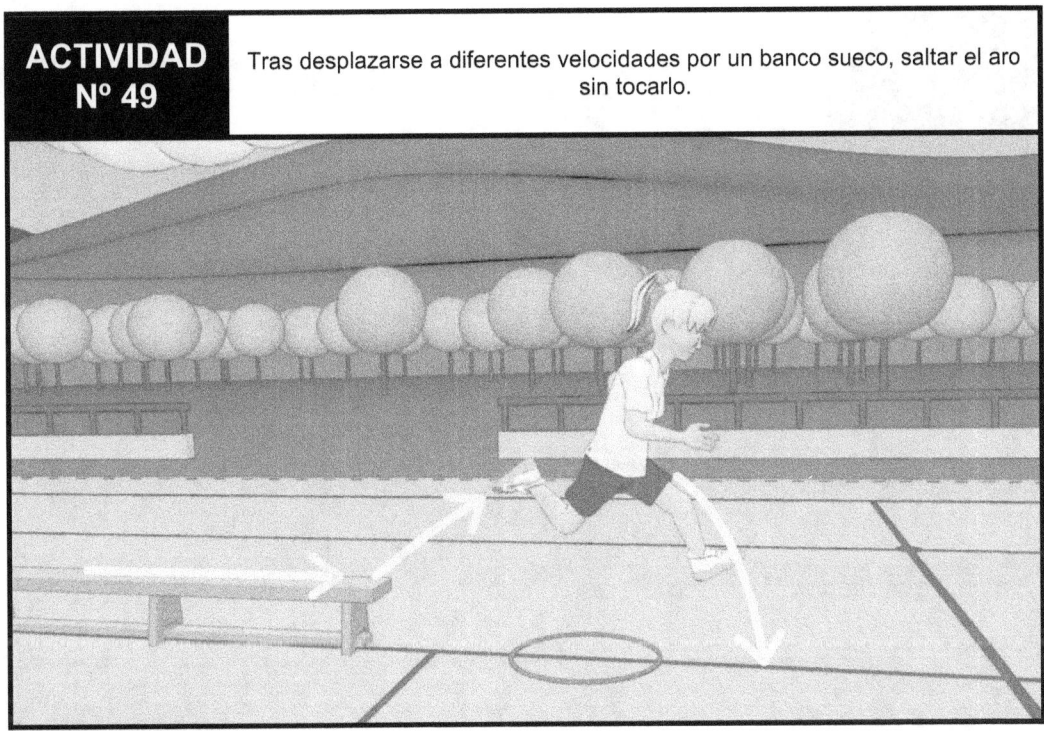

| ACTIVIDAD N° 50 | Por parejas, situados en cuclillas y agarrados de una mano, intentar tocar las espaldas de un compañero. |

ACTIVIDAD Nº 51 — Por parejas, colocados de pie espalda contra espalda y sin utilizar las manos desplazar al compañero hacia su terreno.

ACTIVIDAD Nº 52 — Por parejas, empujar al compañero por las espaldas mientras éste se resiste.

ACTIVIDAD Nº 53

Por parejas, un alumno agarrando de la cintura a su compañero, intentar que lo se desplace hacia delante.

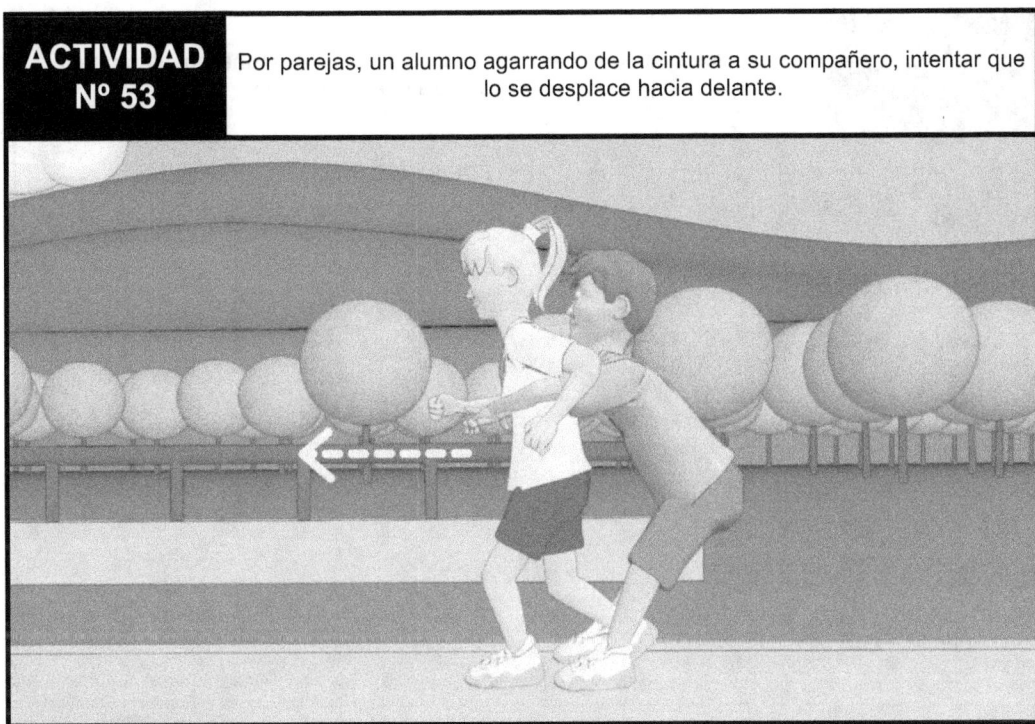

ACTIVIDAD Nº 54

Por parejas, inclinados hacia delante y agarrados de los hombros, como muestra la ilustración, empujar al compañero hacia su terreno.

| ACTIVIDAD Nº 55 | Por parejas, uno frente a otro y agarrados de las muñecas, arrastrar al compañero hacia nuestro terreno. |

| ACTIVIDAD Nº 56 | Por parejas, intentar subir a un compañero apoyando su tronco sobre nuestra espalda. |

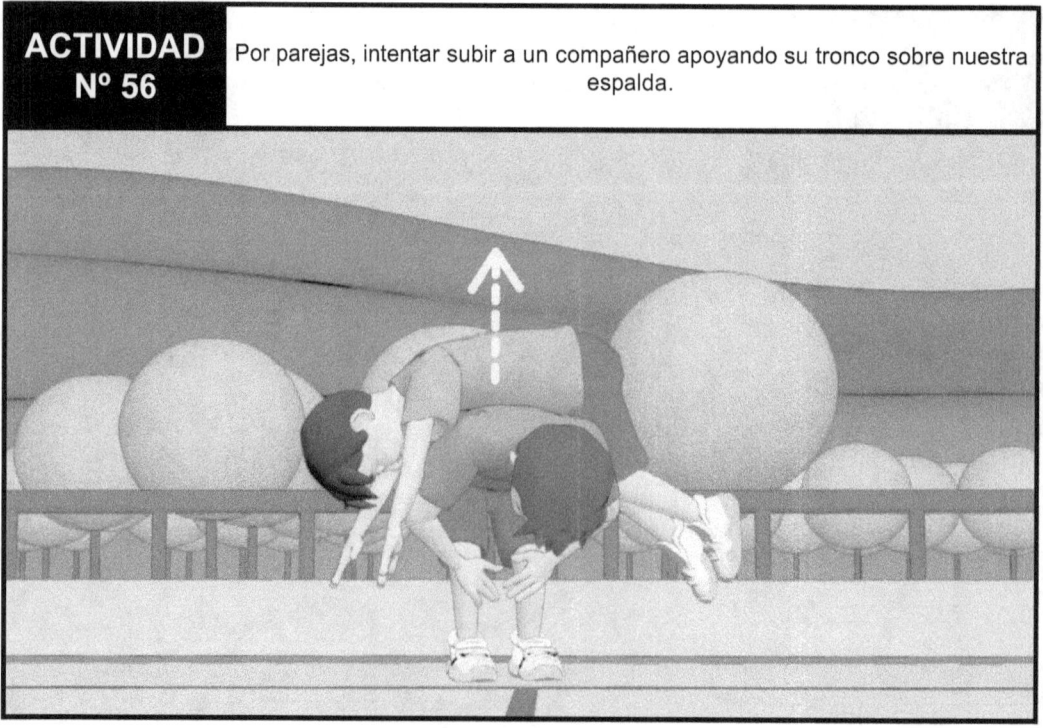

ACTIVIDAD Nº 57

Situados en parejas, un alumno hace de caballito y el otro de jinete. Desde ésta posición desplazarse por el espacio de trabajo.

ACTIVIDAD Nº 58

En la misma disposición que el ejercicio anterior, pero ahora el caballo intenta derribar al jinete.

ACTIVIDAD Nº 59 — Por parejas, colocados uno encima de otro en forma de torre, desplazarse lentamente y con cuidado en cualquier dirección.

ACTIVIDAD Nº 60 — Por parejas el primero arrodillado en el suelo intentar derribarlo empujándole por el tronco.

| ACTIVIDAD Nº 61 | Igual que el ejercicio anterior, pero ahora el jugador que esta debajo se coloca en cuadrupedia. |

| ACTIVIDAD Nº 62 | Por parejas, desplazarse por el espacio de trabajo intentando que nuestro compañero no pise nuestra sombra. |

| ACTIVIDAD Nº 63 | Por parejas, saliendo desde extremos opuestos, al encontrarnos en medio darnos la mano, girando bruscamente y continuando la carrera hasta el punto inicial. |

| ACTIVIDAD Nº 64 | Por parejas, agarrados de una mano y a pata coja, intentar girar a diferentes velocidades dando pequeños saltos. |

| ACTIVIDAD N° 65 | Igual que el ejercicio anterior, pero ahora un alumno se coloca a pata coja y su compañero le agarra la otra pierna como muestra la ilustración. |

| ACTIVIDAD N° 66 | Flexionando el tronco hacia delante con los brazos extendidos, y siendo agarrados por el otro pie por un compañero, desde esta posición desplazarse dando pequeños saltos. |

ACTIVIDAD Nº 67

Por parejas, atrapando una pierna de nuestro compañero, intentar girar a diferentes velocidades.

ACTIVIDAD Nº 68

Igual que el ejercicio anterior, pero ahora intentamos saltar en el sitio cada vez más alto.

| ACTIVIDAD N° 69 | Por parejas, cada uno en una línea del campo, intentar desplazar al compañero sin levantar los pies del suelo. |

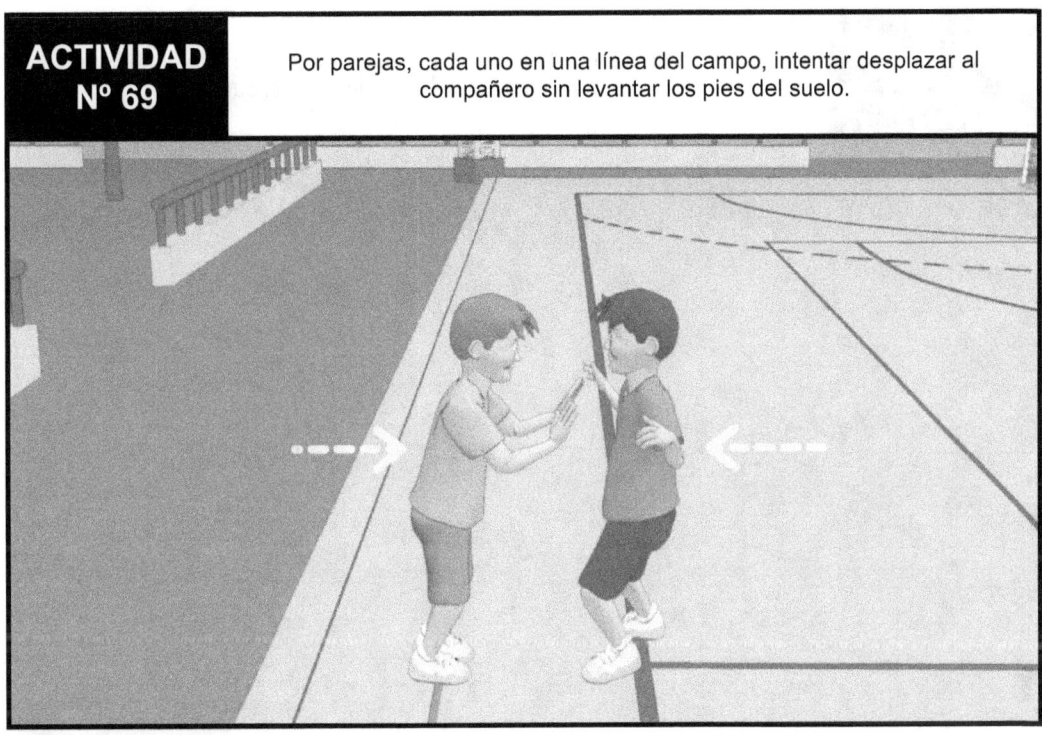

| ACTIVIDAD N° 70 | Por parejas, abrazando al compañero por el hombro, y en cuclilla, desplazarse por el espacio de trabajo. |

ACTIVIDAD Nº 71 — Tras colocar una serie de aros en el espacio de trabajo formando figuras, desplazarse de uno a otro sin tocar el suelo.

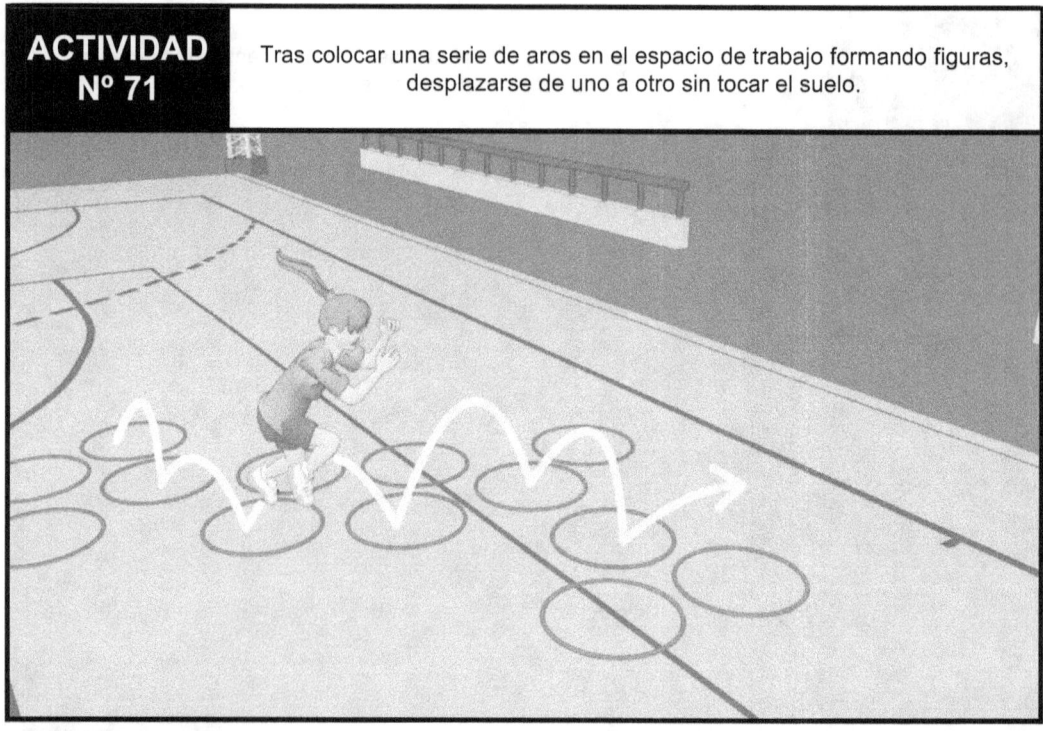

ACTIVIDAD Nº 72 — Desplazarse por encima de dos filas de aros paralelos pisando con un pie en cada uno de ellos.

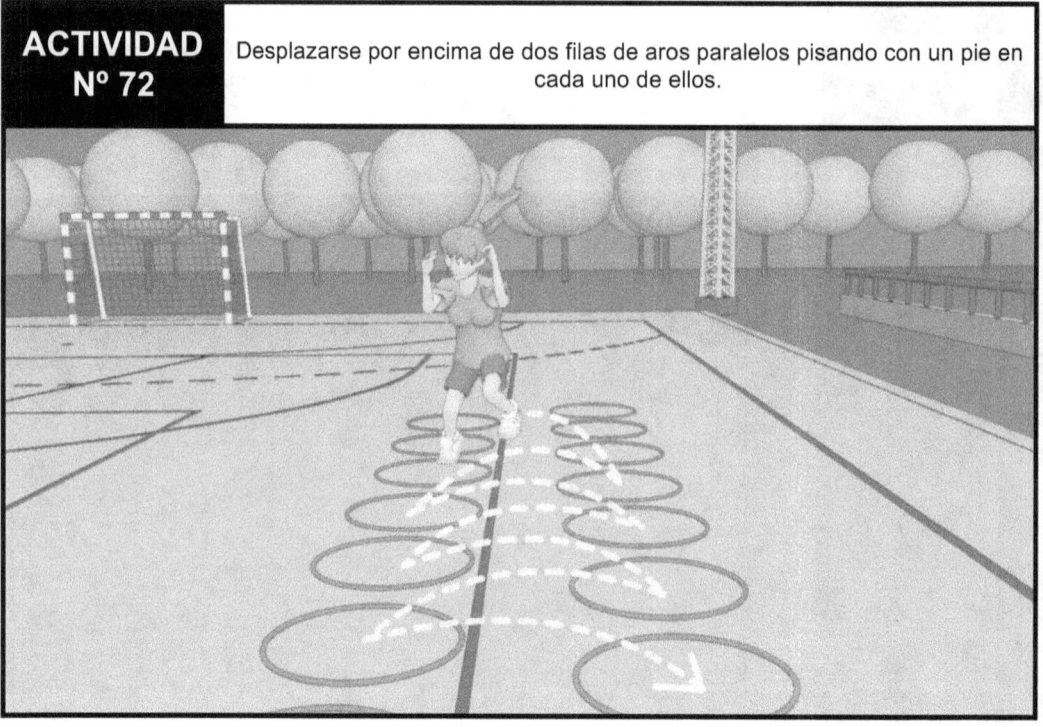

| ACTIVIDAD Nº 73 | Desplazarse hacia atrás por un espacio repleto de aros sin salirse. |

| ACTIVIDAD Nº 74 | Tras colocar dos filas paralelas de aros, desplazarse saltando con un pie en cada uno de ellos. |

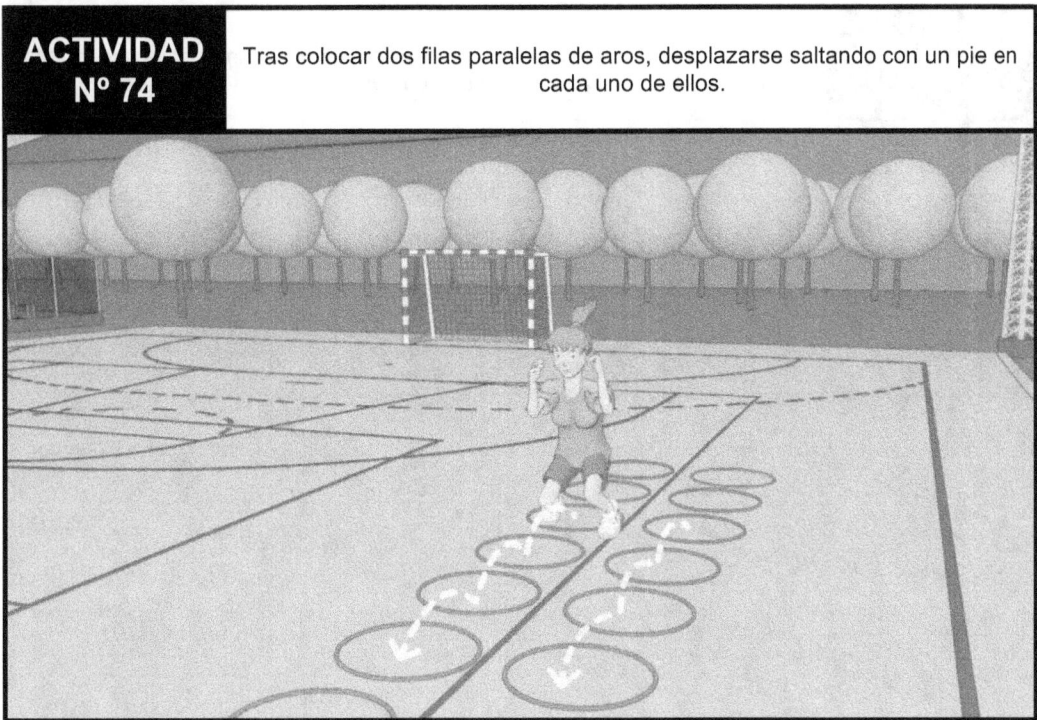

ACTIVIDAD Nº 75

Igual que en el ejercicio anterior, pero ahora giramos el tronco a un lado mientras estamos en el aire.

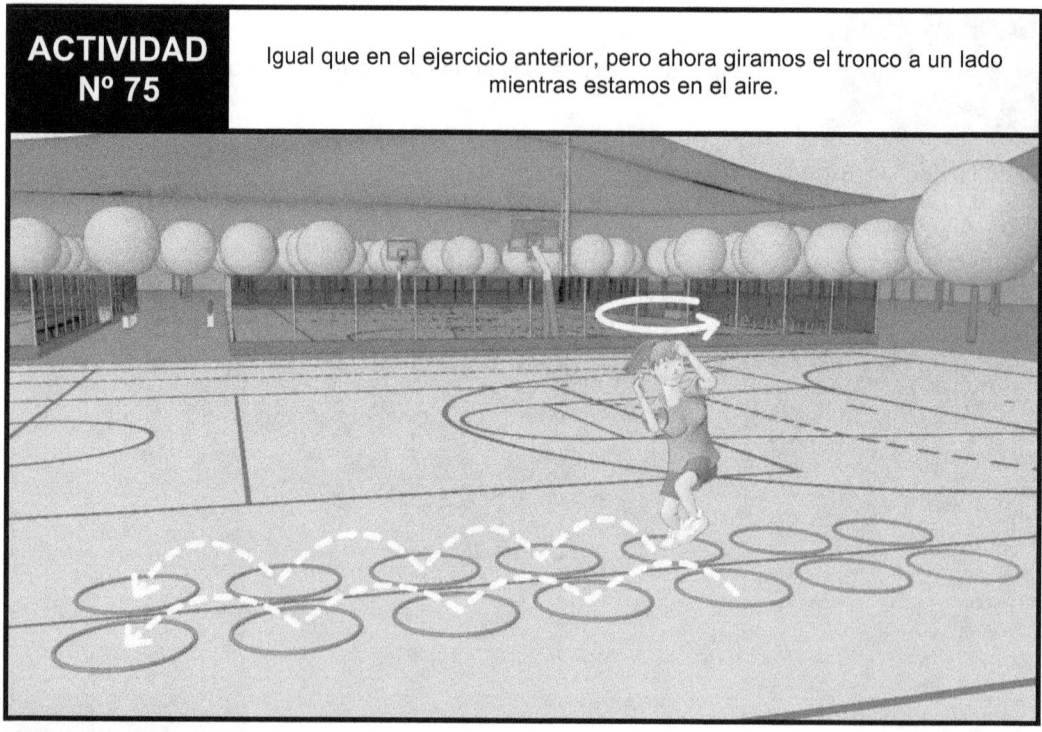

ACTIVIDAD Nº 76

Desplazarse por los aros saltando con los pies juntos donde haya uno, dando un giro de 360º en el aire, y cayendo con un pie en cada aro donde hay dos.

ACTIVIDAD Nº 77 — Hacer carreras sobre los aros dando saltos con los pies juntos, a pata coja, o cualquier otra secuencia que establezcamos.

ACTIVIDAD Nº 78 — Desplazarse de lado a lado de la pica dando saltos con los pies juntos.

ACTIVIDAD Nº 79 — Igual que el ejercicio anterior, pero ahora mezclamos saltos a pata coja y a pies juntos.

ACTIVIDAD Nº 80 — Desplazarse a lo largo de una pica dando saltos laterales a pies juntos.

| ACTIVIDAD Nº 81 | Pasar de lado a lado de una pica cayendo una vez con las piernas abiertas y la siguiente con los pies juntos. |

| ACTIVIDAD Nº 82 | Tras sortear varios obstáculos (bancos suecos, aros, pelotas…) saltar hacia la colchoneta intentando llegar lo más lejos posible. |

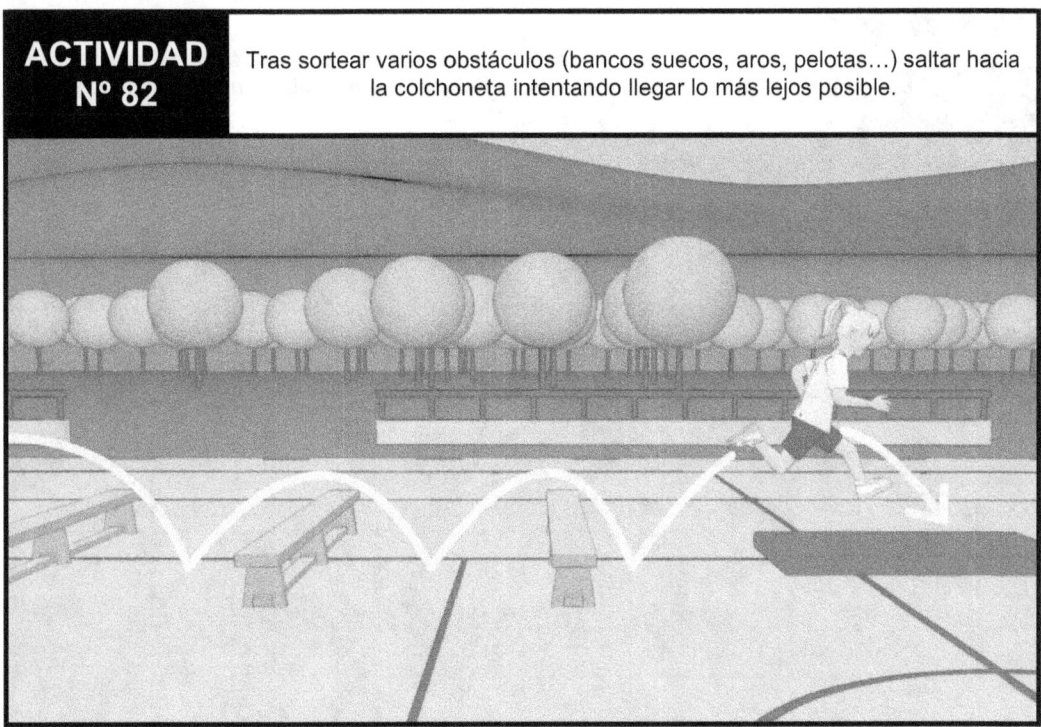

ACTIVIDAD Nº 83 — Andar de banco a banco y saltar desde el último hacia una colchoneta.

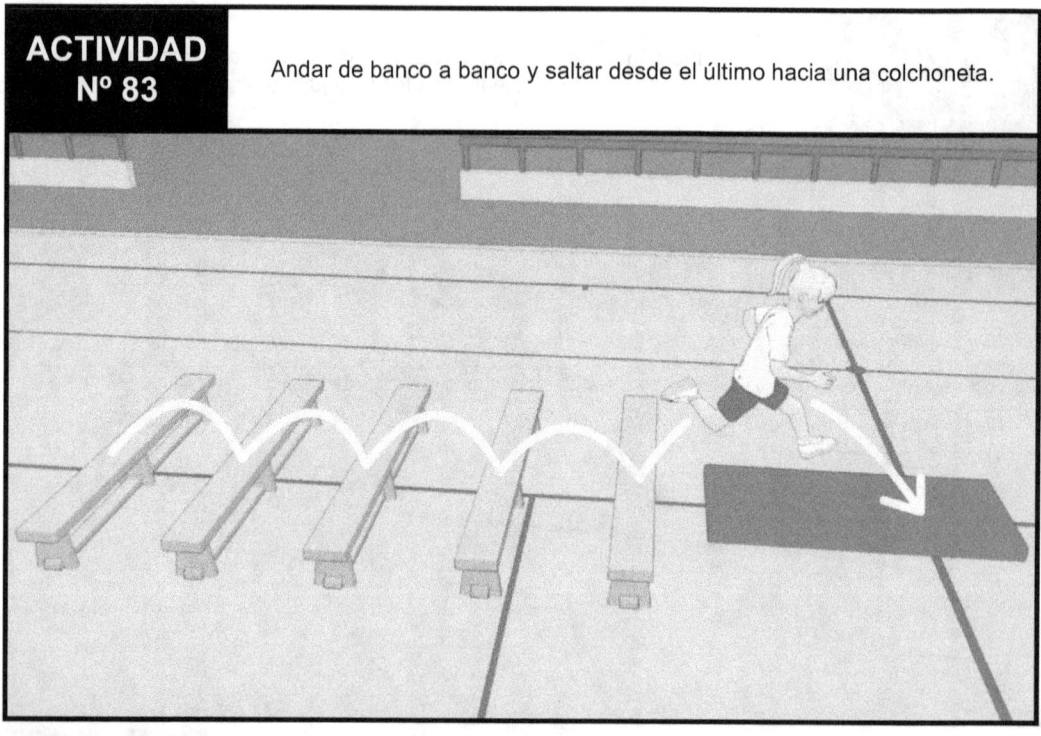

ACTIVIDAD Nº 84 — Sortear los obstáculos pisando sobre ellos y a continuación impulsándonos en el suelo para pasar el siguiente. Saltar desde el último hacia la colchoneta.

| ACTIVIDAD Nº 85 | Por parejas con un neumático, hacerla rodar con las manos intentando que llegue a nuestro compañero. |

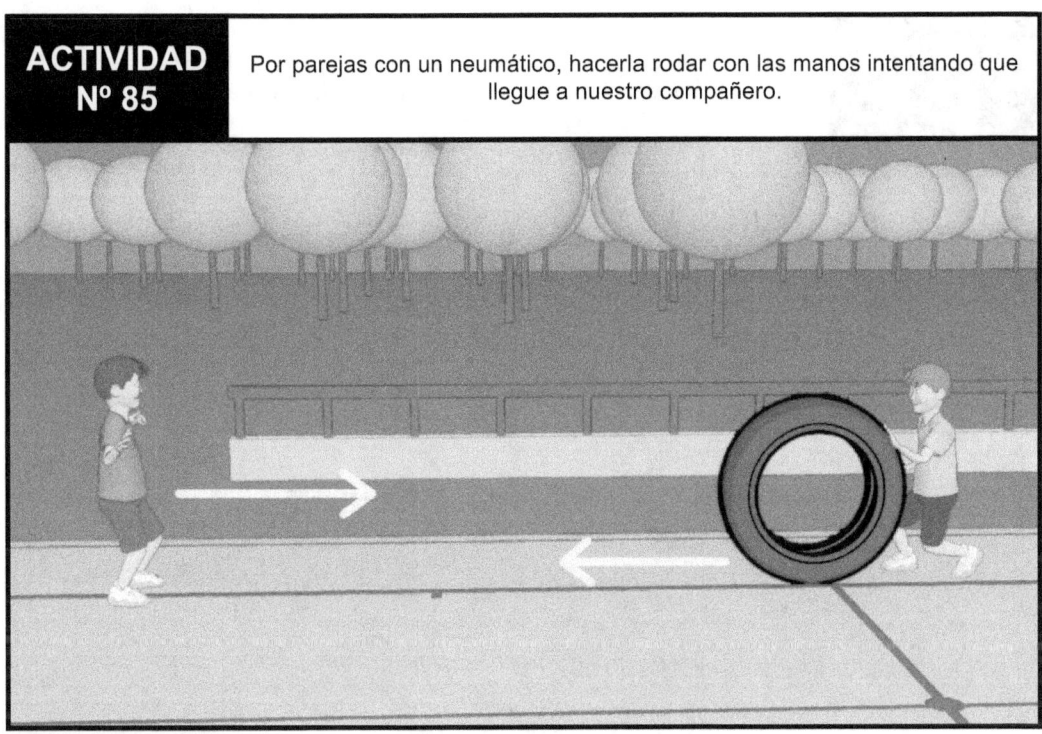

| ACTIVIDAD Nº 86 | Igual que el ejercicio anterior, pero ahora lo hacemos rodar con el pie. |

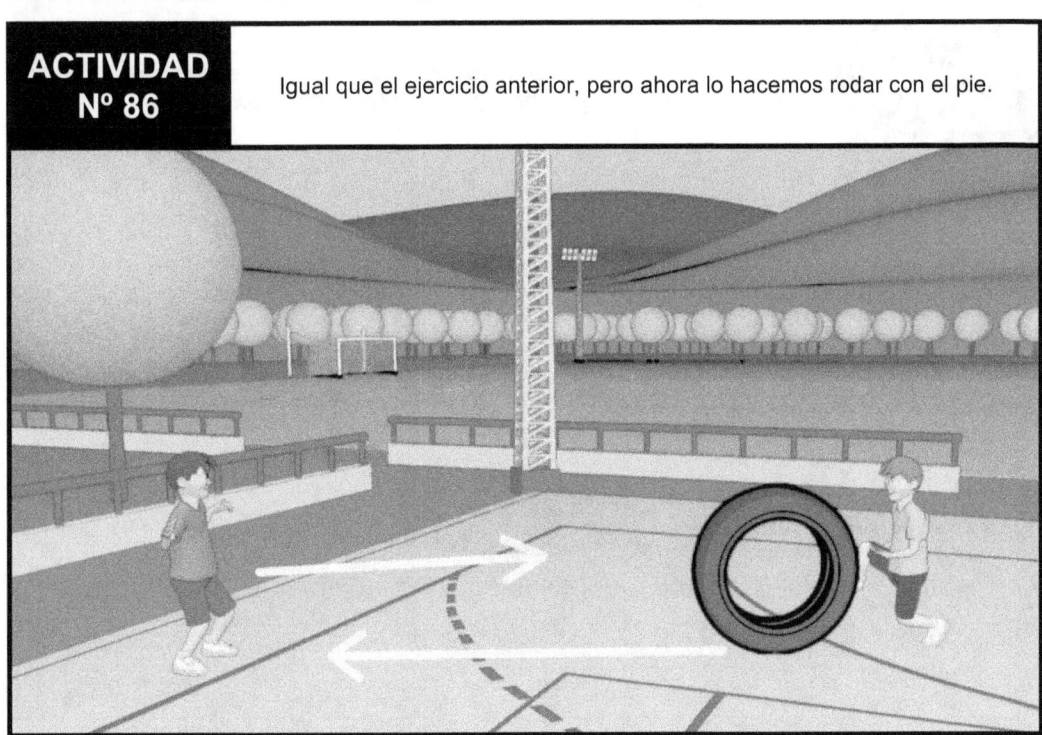

ACTIVIDAD Nº 87 — Por parejas con un neumático, cada alumno agarrándolo por un extremo, intentar desplazar a nuestro compañero hacia nuestro terreno.

ACTIVIDAD Nº 88 — Igual que el ejercicio anterior, pero ahora nos situamos de espaldas a nuestro compañero y tiramos hacia delante.

ACTIVIDAD Nº 89 — Por parejas, con un neumático, girar en el mismo sentido e intentar bajar poco a poco a medida que cojamos velocidad.

ACTIVIDAD Nº 90 — Por parejas, el primero dentro de un neumático, intenta avanzar mientras un compañero nos lo impide.

ACTIVIDAD Nº 91

Igual que el ejercicio anterior, pero ahora el compañero se coloca en cuclilla.

ACTIVIDAD Nº 92

Por parejas, el primero se impulsa en un banco sueco para saltar a un compañero que esta en flexión de brazos.

ACTIVIDAD Nº 93

Igual que el ejercicio anterior, pero ahora el compañero que hay que saltar esta un poco más alto (gateando, arrodillado y agrupado…).

ACTIVIDAD Nº 94

Por parejas, desplazarse por el espacio de trabajo agarrados cada uno a un extremo de una pica. El primero tira del segundo.

ACTIVIDAD Nº 95 — Por parejas, presionando la pica sin agarrarla con las manos subir y bajar sin que se nos caiga al suelo.

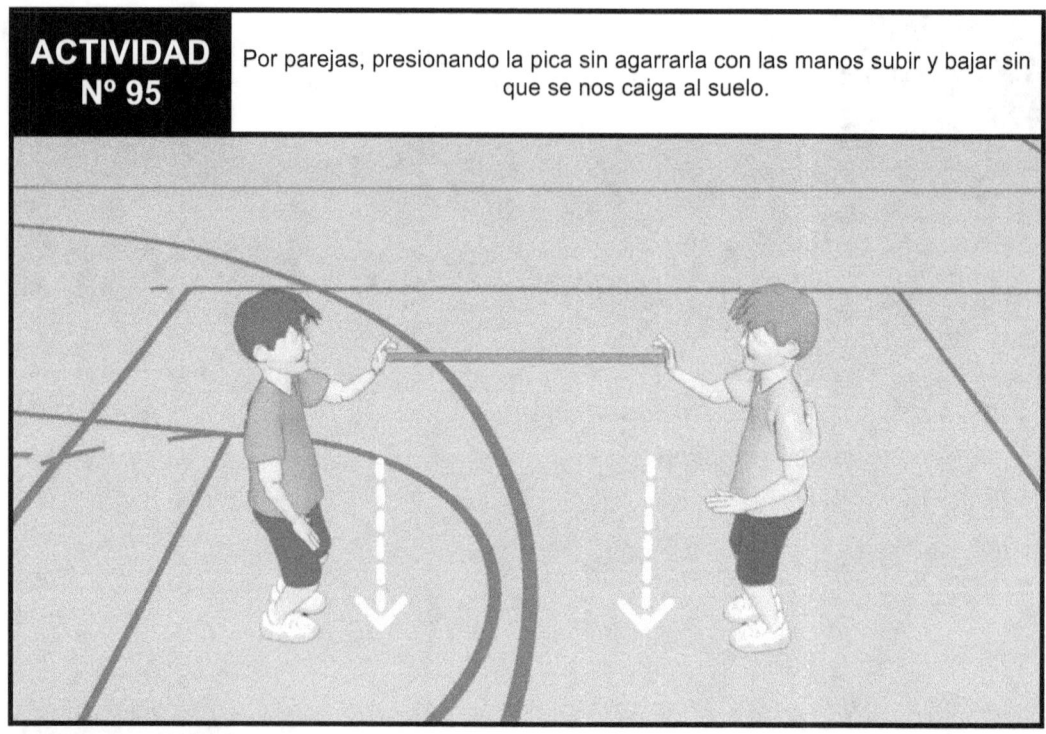

ACTIVIDAD Nº 96 — Por parejas, atrapando cada uno el extremo de una pica, tirar hacia atrás e intentar desplazar a nuestro compañero.

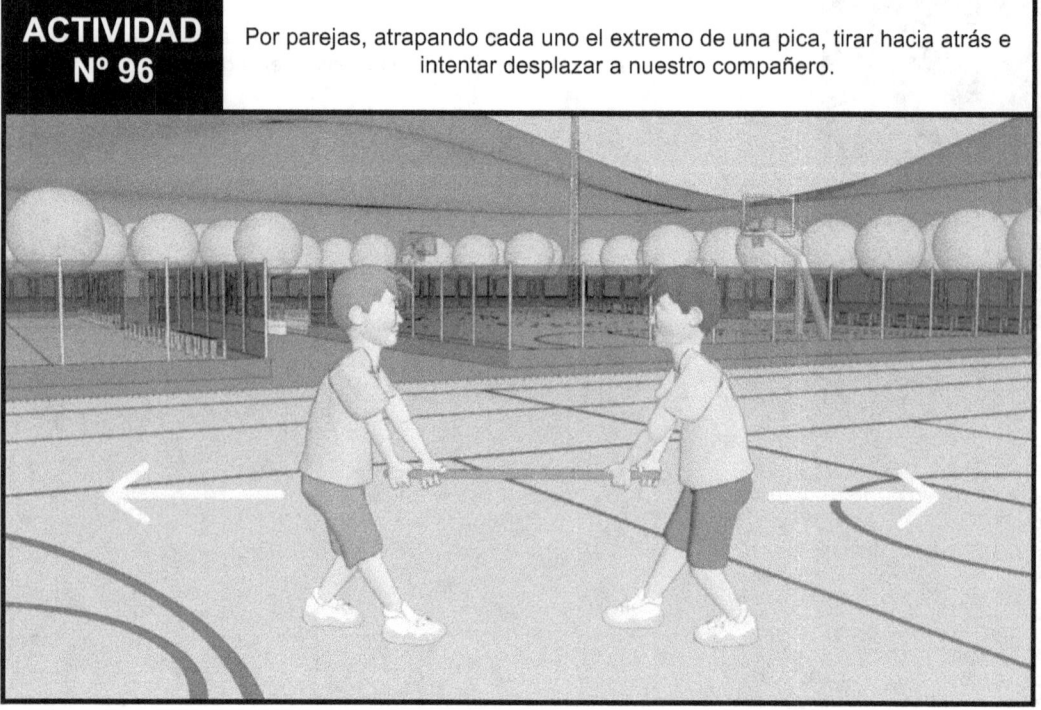

ACTIVIDAD Nº 97

Por parejas, atrapando cada uno los extremos de dos picas, como muestra la ilustración, el primero corre hacia delante y su compañero le frena.

ACTIVIDAD Nº 98

Por parejas, con las picas entrecruzadas, arrastrar al compañero hacia nuestro terreno.

ACTIVIDAD Nº 99
Por parejas con una pica, el primero avanza tirando de un compañero que resiste el movimiento en cuclilla.

ACTIVIDAD Nº 100
Por parejas, el primero lanza una pica al compañero lo más horizontal posible y éste la atrapa con ambas manos.

100 Ejercicios Y Juegos de Coordinación Óculo Motriz para niños de 10 a 12 años

Introducción

Uno de los objetivos que debemos tener presentes todos los docentes especialistas en Educación Física es el de *Educar a través del Movimiento*. Esto implica básicamente que nuestros alumnos sean capaces de afrontar los diversos problemas que les plantea el entorno de la forma más eficaz posible, utilizando para ello los recursos de que dispone su propio cuerpo. Dichas herramientas son variadas (cualidades perceptivo-motrices, cualidades físicas, esquema corporal, Sistema Nervioso Central...), pero si concebimos al ser humano de una manera integral es lógico pensar entonces que deban utilizarse todas a la vez, o al menos en la misma dirección, para obtener el mejor de los desarrollos posibles.

En las siguientes páginas vamos a ofrecerles el entramado teórico que envuelve a uno de los principales recursos corporales, la Coordinación, así como un amplio repertorio de actividades para trabajar de forma específica la Coordinación Óculo-Motriz con sus alumnos de 10 a 12 años de edad.

Concepto

Cuando vemos que un alumno se desplaza sorteando obstáculos sin derribarlos, cuando recibe un balón de baloncesto, lo bota y lo vuelve a pasar a un compañero, cuando esquiva la pelota que le han lanzado jugando a balontiro, o cuando, por ejemplo, trepa por una espaldera y desciende sin tocar los peldaños prohibidos, decimos que es un alumno coordinado. Del mismo modo, cuando vemos que lanza un balón a canasta y no toca ni el tablero, o cuando trata de completar un recorrido en zigzag y se salta algún cono, decimos que es descoordinado, pero... ¿qué es exactamente la Coordinación?

La Coordinación es una capacidad perceptivo motriz (junto al equilibrio) con la que adaptamos nuestro movimiento a las necesidades del entorno que nos rodea, poniendo en funcionamiento la musculatura necesaria en el momento adecuado, con una velocidad e intensidad acordes a dichos requerimientos.

Para considerar que un movimiento es coordinado podríamos prestar atención a las siguientes premisas:

- Existe una contracción de los músculos que resultan útiles para la realización del movimiento que nos llevará a cumplir el objetivo, así como

una relajación de los músculos que no están implicados en el movimiento para facilitarlo o no interferir en él.

- Se han tenido en cuenta las distancias y colocación respecto a otros jugadores, objetos..., es decir, si se ha tenido conciencia del espacio en el que estamos (percepción espacial).
- Del mismo modo, se deben tener en cuenta las velocidades a las que se desplazan los objetos y jugadores del entorno, así como la nuestra (percepción temporal).
- Las dos anteriores son prácticamente inseparables, dando lugar a las trayectorias. Se debe haber tenido en cuenta, por tanto, la relación espacio-tiempo (percepción espacio-temporal) de cada uno de los elementos de la tarea.

Determinantes de la Coordinación

Son bastantes los factores que intervienen en el desarrollo de la Coordinación. Algunos de los más influyentes son:

- El **Esquema Corporal**: en cuanto a la capacidad de conocer y ser capaces de representar nuestro propio cuerpo, ya sea en reposo o en movimiento. Corre con la responsabilidad de hacer comprender cuál es la posición del cuerpo en cualquier instante, así como de conocer cuáles son los límites o posibilidades del mismo.
- El **Sistema Nervioso Central**: encargado de recibir los estímulos internos y externos al cuerpo, elaborar una respuesta, y transmitir la información para llevarla a cabo.
- Las **Cualidades Físicas Básicas**: cuantifican las posibilidades de nuestro movimiento considerando la Fuerza, Resistencia, Flexibilidad y Velocidad de cada organismo.
- El **Equilibrio**: como mecanismo de control de nuestro cuerpo y del movimiento que realizamos.
- **Herencia**: todos los componentes vienen determinados por la genética de cada individuo.
- **Edad / Aprendizaje**: las capacidades coordinativas comienzan a desarrollarse hacia los 4 años, produciéndose un afianzamiento de las mismas cuando se alcanzan los 12 años. Durante este tiempo es conveniente exponer al organismo al mayor número de experiencias de

aprendizaje posible para que desarrollemos la coordinación en todo su potencial.

o **Fatiga Muscular**: puesto que altera el ritmo de contracción-relajación de la musculatura.

o **Tensión Nerviosa**: tanto una tensión como una relajación excesivas provocan movimientos descoordinados.

Tipos de Coordinación

Le Boulch (1980), Porta (1988) y Seirullo (1993), entre otros autores, hacen referencia a la **Coordinación Dinámica General** como a aquella que tiene lugar cuando se ponen en funcionamiento gran parte o la totalidad de segmentos corporales (o musculatura). Esto implica, por regla general, situaciones de desplazamiento.

Dalila Molina (1977), expone el concepto de **Coordinación Visomotriz** para referirse a los movimientos manuales o corporales que surgen como respuesta a un estímulo visual, teniendo como finalidad la adaptación del movimiento a dicho estímulo. Este mismo concepto es denominado por otros autores como **Coordinación Óculo-Motriz** o **Coordinación Dinámica Segmentaria** (Seirulo, 1993 y Le Boulch, 1980), desglosándolo en Coordinación Óculo-Manual (cuando la relación aparece entre el sentido de la vista y las extremidades superiores), y Coordinación Óculo-Pédica (cuando la relación ocurre entre la vista y las extremidades inferiores). En la bibliografía específica sobre este tema podemos encontrar otro término que hace referencia a la coordinación existente entre el sentido de la vista y la ejecución de una tarea con la cabeza, denominándosele entonces coordinación Óculo-Cefálica.

Consideraciones para el trabajo de la Coordinación

La Coordinación es una capacidad que puede desarrollarse hasta la edad adulta, aunque nos interesa conocer que es desde aproximadamente los 4 años hasta los 12 el período clave para sentar las bases de su trabajo. En este intervalo de tiempo debemos exponer a nuestros alumnos al mayor número de experiencias posibles (y también lo más variadas), controlando en todo momento los tiempos de trabajo y descanso para evitar sobrecargas.

Algunas de las actividades tipo que podemos desarrollar aparecen en la siguiente tabla:

DESPLAZAMIENTOS	SALTOS	GIROS	LANZAMIENTOS	RECEPCIONES
Marchas Carreras Cuadrupedia Reptaciones ...	Con carrera Sin carrera Con 1 pie Con 2 pies ...	Sobre cada eje (longitudinal, anteroposterior, transversal) Según el apoyo (suspensión, suelo...) ...	Acompañamientos Golpeos Una mano Dos manos Pie ...	Paradas Controles Desvíos Una mano Dos manos ...

De vital importancia resulta presentar las propuestas que exponemos en las siguientes páginas de la manera más sencilla posible, intentando que nuestros alumnos encuentren las soluciones de ejecución mediante un procedimiento de ensayo-error. De esta forma conseguiremos aprendizajes realmente efectivos, además de posibilitar el desarrollo de la autoestima del alumno por ser el propio responsable de su éxito.

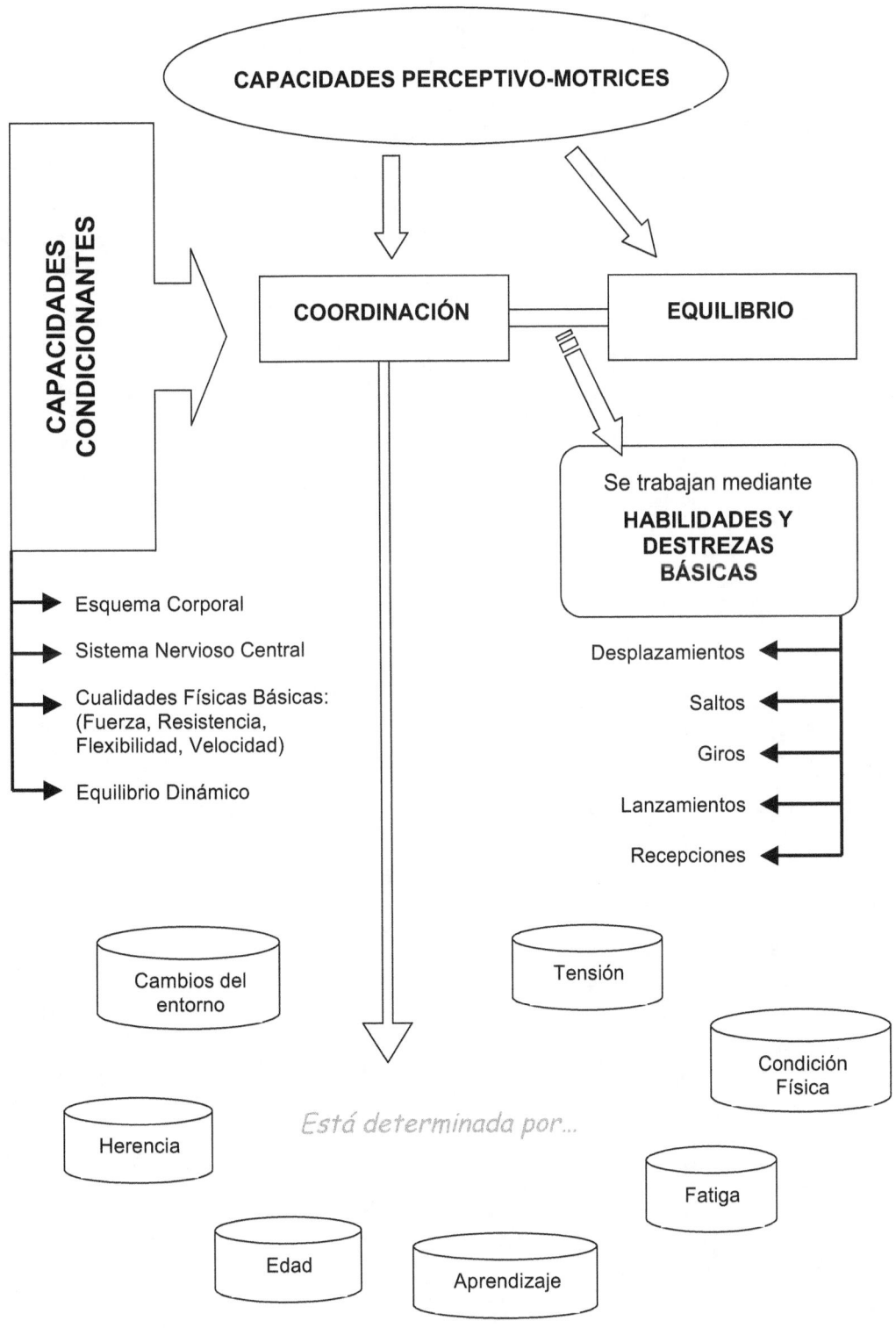

ACTIVIDAD Nº 1

Individualmente con una pelota de tenis, prepararla con una mano y golpearla con la contraria hacia arriba.

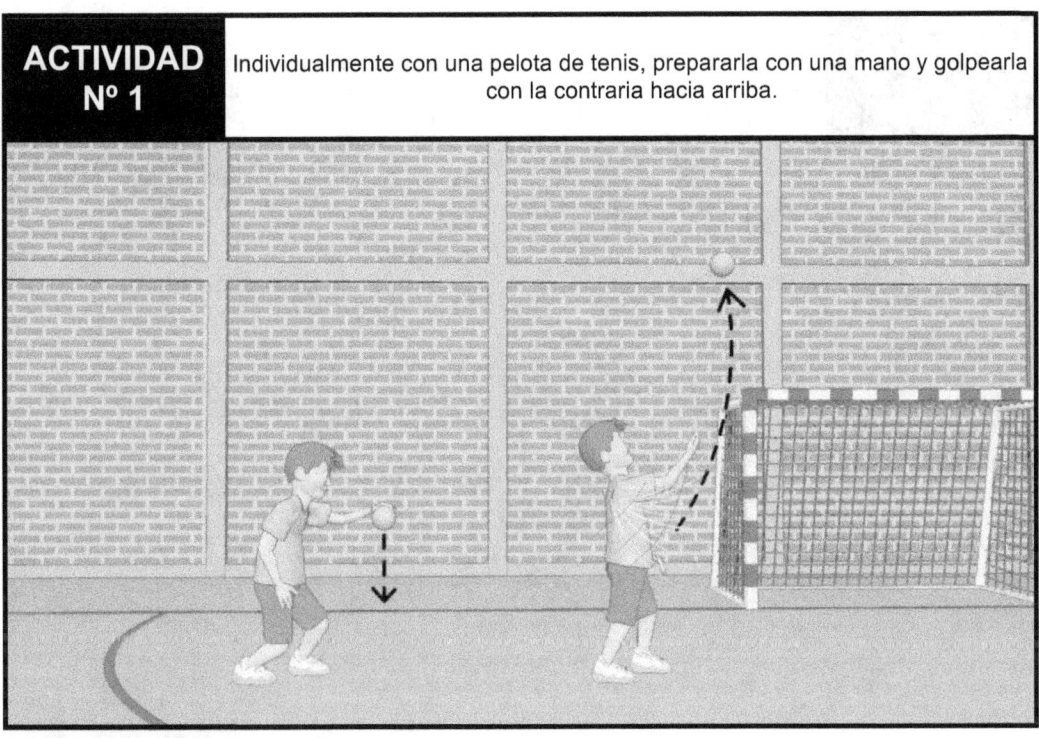

ACTIVIDAD Nº 2

Mantener una pelota de tenis en el aire golpeándola con diferentes partes del cuerpo.

| ACTIVIDAD Nº 3 | Mantener una pelota de tenis en el aire golpeándola primero con la mano y después con la cabeza de forma alternativa. |

| ACTIVIDAD Nº 4 | Individualmente con una pelota de tenis, lanzarla contra la pared con una mano y recibirla con las dos antes que caiga al suelo. |

| ACTIVIDAD Nº 5 | Individualmente con una pelota de tenis, lanzarla a diferentes alturas para que nos de tiempo a colocarnos debajo y así golpearla con diferentes partes del cuerpo. |

| ACTIVIDAD Nº 6 | Individualmente con una pelota de tenis, lanzarla de una mano a otra sin que se nos caiga al suelo. |

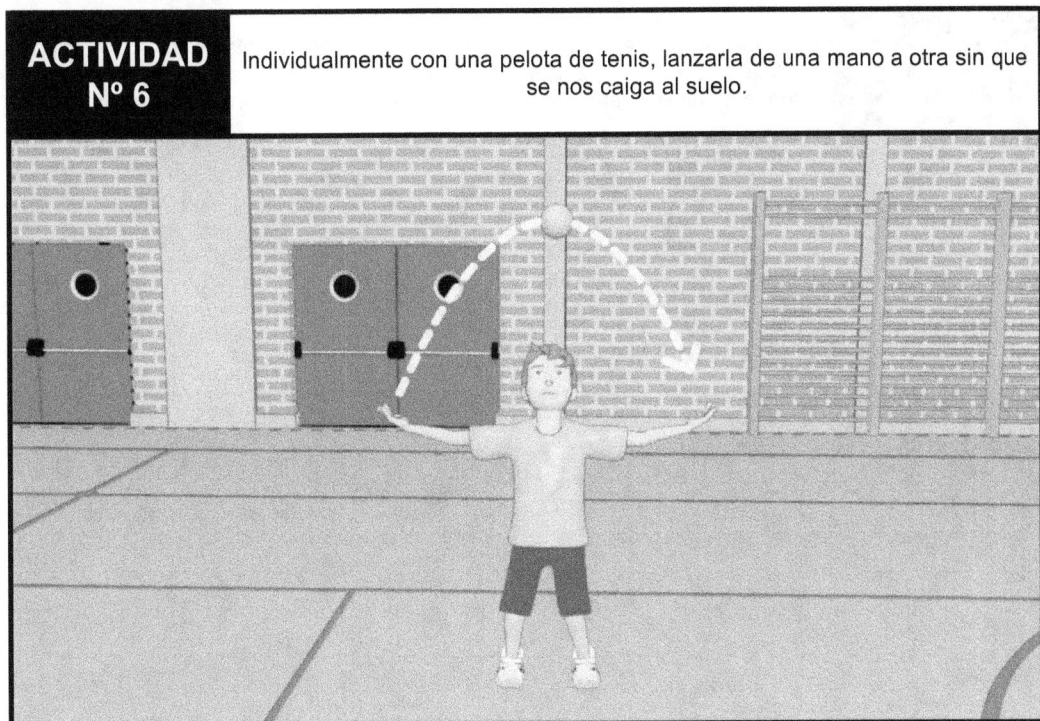

| ACTIVIDAD Nº 7 | Tras colocar dianas en diferentes posiciones y alturas, lanzar una pelota de tenis desde varias distancias. |

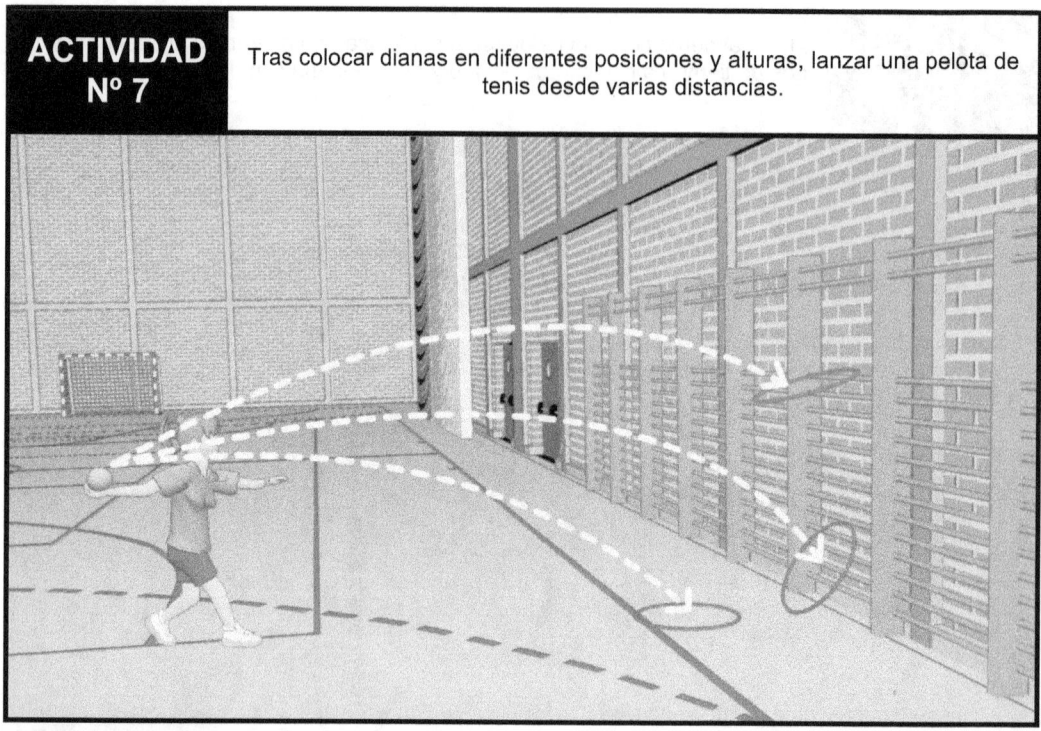

| ACTIVIDAD Nº 8 | Individualmente o en gran grupo, cada uno con una pelota de tenis, correr por todo el espacio de trabajo y, a la señal de profesor, dejarla caer y golpearla con la mano contraria pasándola a otro compañero, dando en una diana... |

| ACTIVIDAD Nº 9 | Individualmente con una pelota de tenis, sobre el sitio botarla con la mano hábil y después con la mano débil. |

| ACTIVIDAD Nº 10 | Igual que el ejercicio anterior, pero ahora el profesor indica en qué dirección nos tenemos que desplazar y el tipo de bote a realizar. |

ACTIVIDAD Nº 11 — Individualmente con una pelota de tenis, lanzarla al aire y golpearla de nuevo hacia abajo cada vez que de un bote.

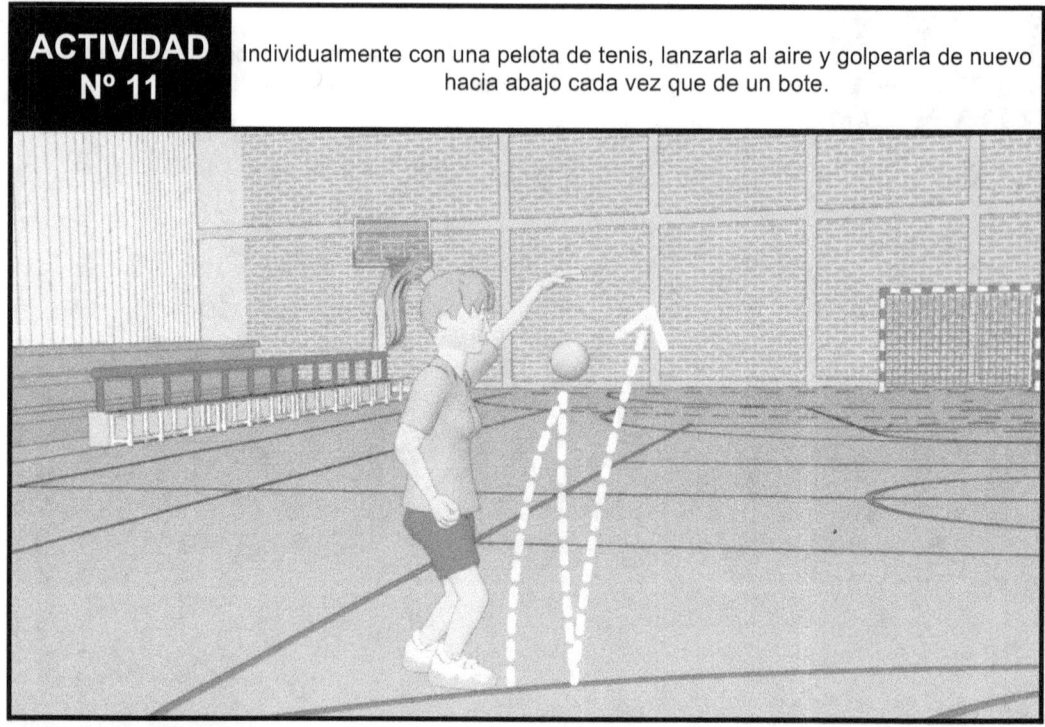

ACTIVIDAD Nº 12 — Por parejas, con una pelota de tenis, pasarla al compañero sin que caiga al suelo. Ampliar la distancia de lanzamiento cada vez que vayamos consiguiéndolo.

ACTIVIDAD Nº 13

Igual que el ejercicio anterior, pero ahora únicamente esta permitido que la pelota dé un golpe.

ACTIVIDAD Nº 14

Igual que los ejercicios anteriores, pero ahora ampliamos mucho más la distancia de lanzamiento y permitimos que el lanzador coja carrera.

ACTIVIDAD Nº 15 — Por parejas con una pelota de tenis, el primero realiza un lanzamiento con bote intentando pasarla por encima de su compañero.

ACTIVIDAD Nº 16 — Individualmente o haciendo una competición, enviar la pelota de tenis contra una pared intentando que bote lo más lejos posible.

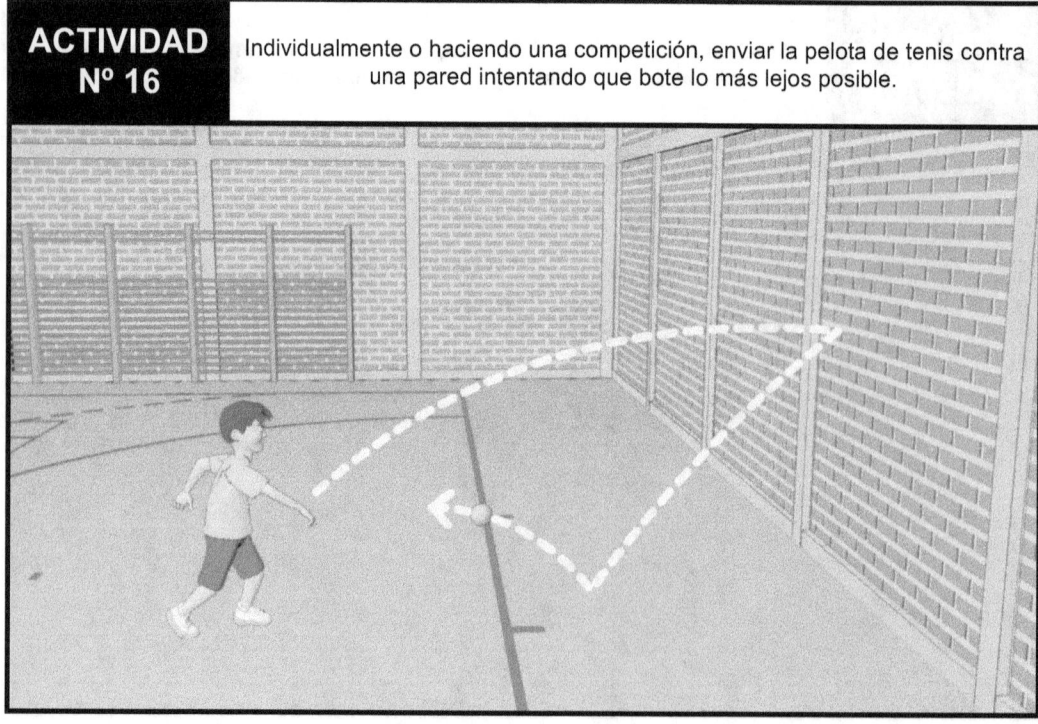

| ACTIVIDAD Nº 17 | Por parejas, arrodillados en el suelo con dos balones cambiárselo al compañero a la señal del profesor. |

| ACTIVIDAD Nº 18 | Igual que en el ejercicio anterior, pero ahora nos colocamos sentados en el suelo con las piernas abiertas. |

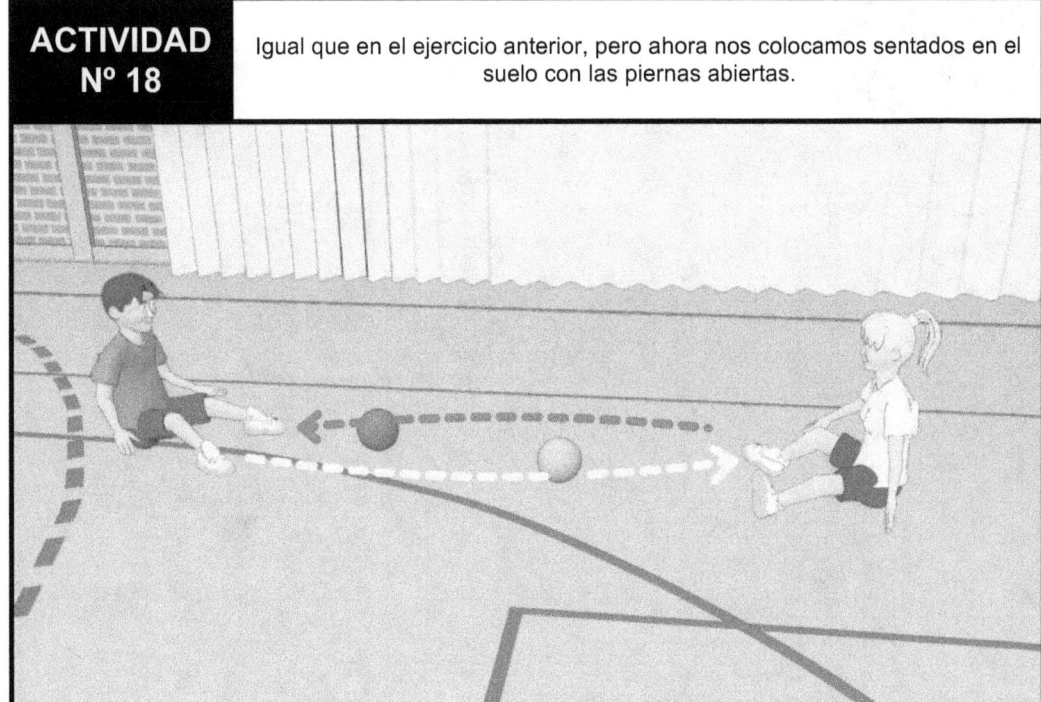

ACTIVIDAD Nº 19

Igual que los ejercicios anteriores, pero ahora nos colocamos de pie y lanzamos los balones por el aire.

ACTIVIDAD Nº 20

Igual que el ejercicio anterior, pero ahora nos cambiamos los balones con un bote intermedio.

ACTIVIDAD Nº 21

Por parejas, con dos balones intentar botarlos a la vez. Cuando fallemos le toca a nuestro compañero.

ACTIVIDAD Nº 22

Por parejas, con un balón dar dos golpes antes de pasarlo al compañero.

ACTIVIDAD Nº 23

Por parejas, con un balón, pasárselo golpeándolo con las manos permitiendo que se den varios botes intermedios.

ACTIVIDAD Nº 24

Por parejas, el primero botando una pelota recibe y devuelve el pase de otra pelota que le lanza el compañero, para continuar botando la primera.

ACTIVIDAD Nº 25

Igual que el ejercicio anterior, pero ahora el jugador que bota y devuelve el pase lo hace de rodilla

ACTIVIDAD Nº 26

Igual que los ejercicios anteriores, pero ahora el alumno esta sentado.

ACTIVIDAD Nº 27

Por parejas, realizar lanzamientos de penalti con la mano utilizando como portería el ancho de un banco sueco.

ACTIVIDAD Nº 28

Igual que el ejercicio anterior, pero ahora el lanzamiento se realiza con bote.

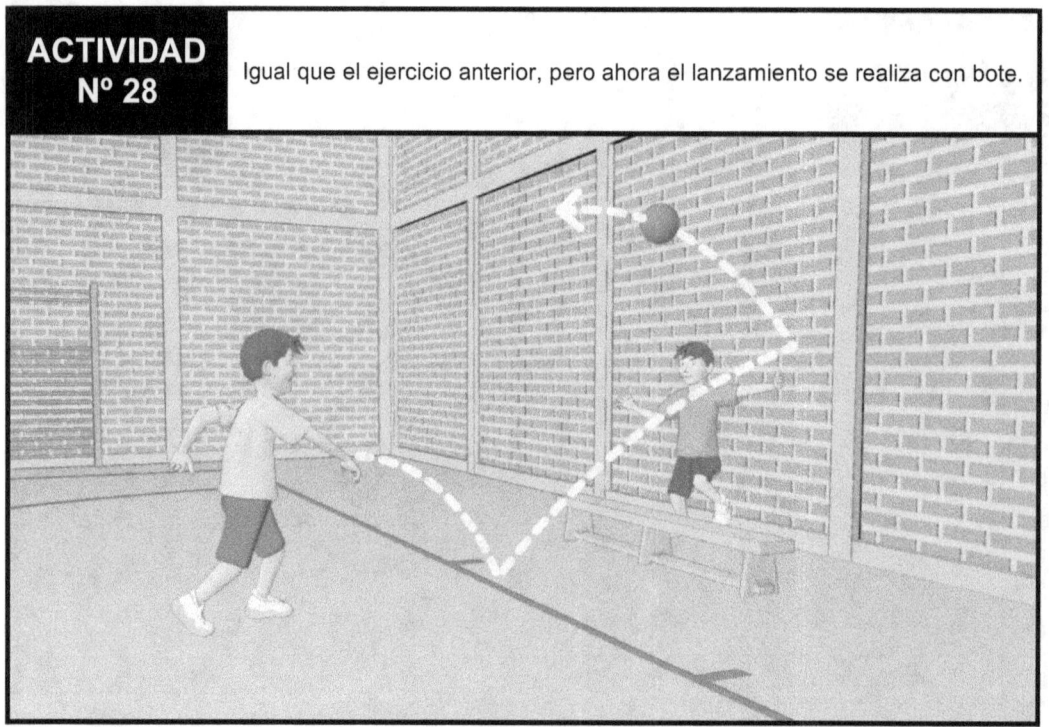

| ACTIVIDAD Nº 29 | Igual que los ejercicios anteriores, pero ahora el lanzamiento se realiza con un pie. |

| ACTIVIDAD Nº 30 | Individualmente con dos balones, botarlos a la vez, a alturas diferentes. |

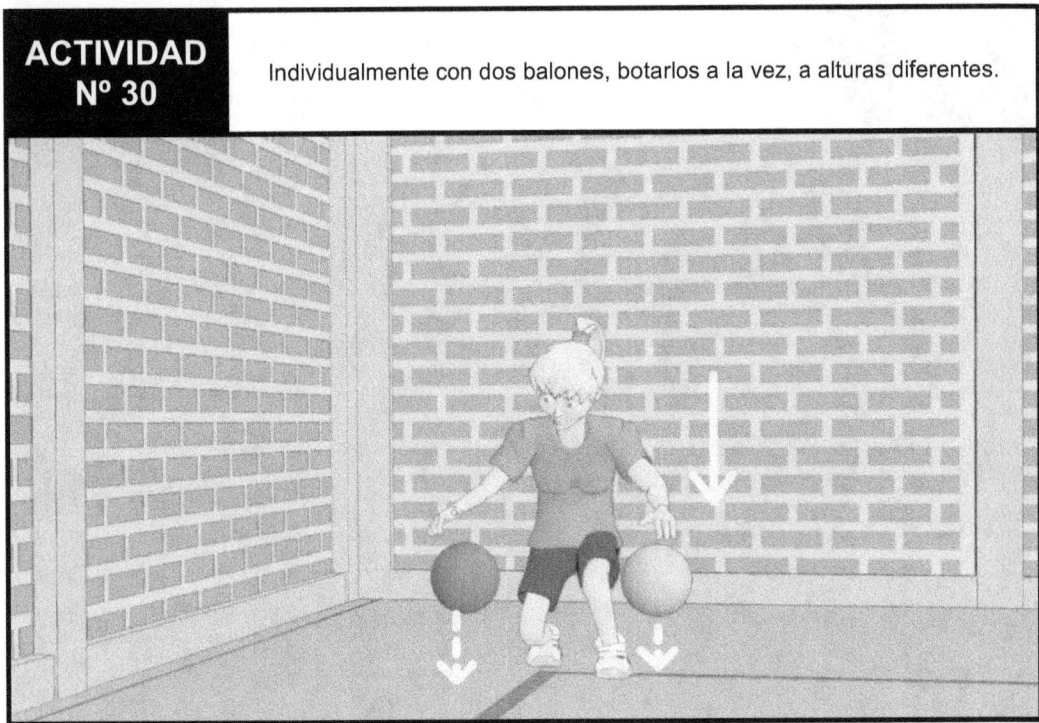

| ACTIVIDAD Nº 31 | Igual que el ejercicio anterior, pero ahora nos desplazamos por el espacio de trabajo. |

| ACTIVIDAD Nº 32 | Por parejas con un balón, dejarlo botar y, una vez que se encuentre arriba, un alumno lo atrapa por los lados y el otro por los polos. Realizar esta acción el mayor número de veces de forma fluida. |

| ACTIVIDAD N° 33 | Igual que el ejercicio anterior, pero ahora los lanzamientos se realizan hacia arriba. |

| ACTIVIDAD N° 34 | Por parejas con un balón, tras lanzarlo hacia arriba, intentar atraparlo entre los dos compañeros lo más alto posible. |

ACTIVIDAD Nº 35 — Por pareja con un balón, realizar un pase de pecho intentando que la trayectoria sea lo más recta posible.

ACTIVIDAD Nº 36 — Igual que el ejercicio anterior, pero ahora lanzamos de arriba hacia abajo trazando una diagonal.

ACTIVIDAD Nº 37

Por parejas con un balón, pasando al compañero de forma bombeada cada vez más alto.

ACTIVIDAD Nº 38

Por pareja con un balón, pasárselo intentando dar un único bote.

ACTIVIDAD Nº 39 — Por parejas con un balón, desplazarse por el espacio de trabajo pasándoselo de alguna de la forma que hemos visto en los ejercicios anteriores.

ACTIVIDAD Nº 40 — Por parejas, desplazándose un alumno tras otro pasarse un balón sin que caiga al suelo. Cambiar roles.

ACTIVIDAD Nº 41

Igual que el ejercicio anterior, pero ahora el alumno que va de tras da un giro completo antes de recibir la pelota de su compañero.

ACTIVIDAD Nº 42

Por parejas, lanzar el balón a un compañero para que éste nos lo devuelva golpeándolo con su balón como muestra la ilustración.

ACTIVIDAD Nº 43 — Igual que el ejercicio anterior pero ahora golpeamos el balón del compañero a la altura de la cintura.

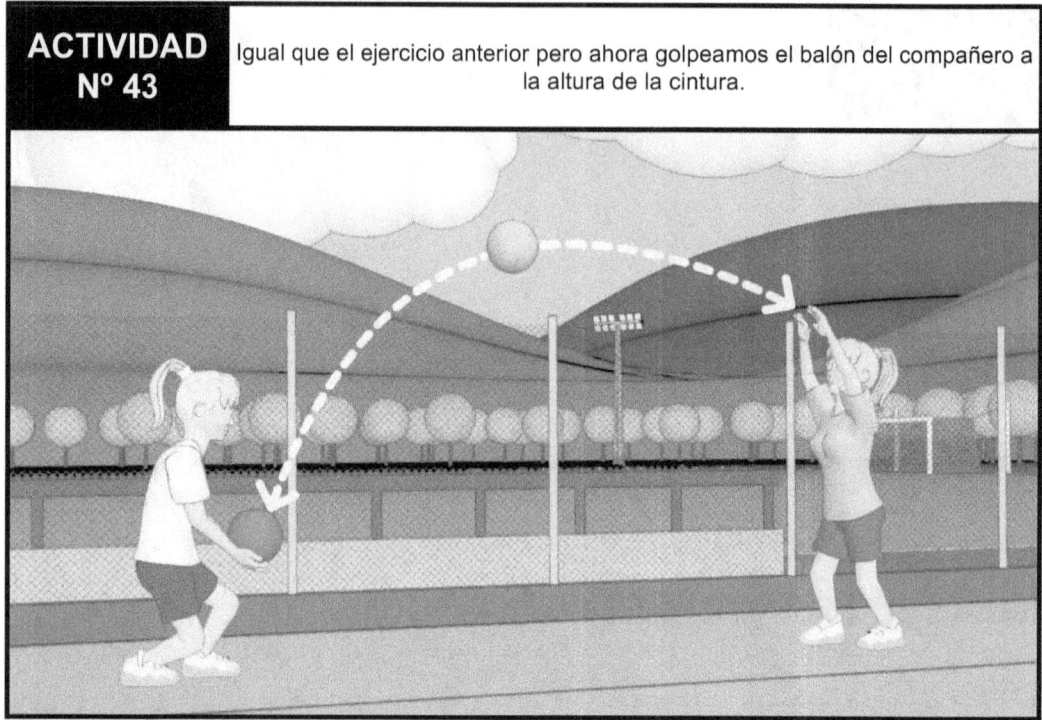

ACTIVIDAD Nº 44 — Por parejas, por el espacio de trabajo pasándose un balón corriendo cada vez más rápido.

ACTIVIDAD Nº 45

Por parejas, con un balón pasárselo al compañero para que éste nos la devuelva golpeándolo con la cabeza.

ACTIVIDAD Nº 46

Por parejas con un balón, el primero lo lanza por encima de la cabeza de su compañero y éste corre a cogerlo lo más rápido posible.

ACTIVIDAD Nº 47 — Por pareja con un balón, uno tras otro, el primero pasa a su compañero y éste se da la vuelta para recibirlo cuando escuche la señal.

ACTIVIDAD Nº 48 — Igual que el ejercicio anterior, pero ahora se da la vuelta cuando escuche el bote del balón.

| ACTIVIDAD Nº 49 | Individualmente con un balón, y con los brazos en cruz, llevarlo de un lado a otro, describiendo la trayectoria de medio círculo. |

| ACTIVIDAD Nº 50 | Individualmente con un balón, en una mano, pasarlo por la espalda y atraparlo con la mano contraria. |

ACTIVIDAD Nº 51

Igual que el ejercicio anterior, pero ahora nos vamos desplazando por el espacio de trabajo.

ACTIVIDAD Nº 52

Por parejas, con tres balones, cada uno bota un balón mientras se pasan el tercero con la mano que les queda libre.

ACTIVIDAD Nº 53

Igual que el ejercicio anterior, pero ahora se pasan el tercer balón con los pies.

ACTIVIDAD Nº 54

En gran grupo cada uno botando un balón y otros balones esparcidos por el espacio de trabajo, desplazarse golpeando estos últimos balones intentando interrumpir el bote de los compañeros.

| ACTIVIDAD Nº 55 | Individualmente con dos balones, botar el primero con la mano hábil y agarrar el segundo con la débil. Cambiar esta posición cada tres botes sin interrumpir el movimiento. |

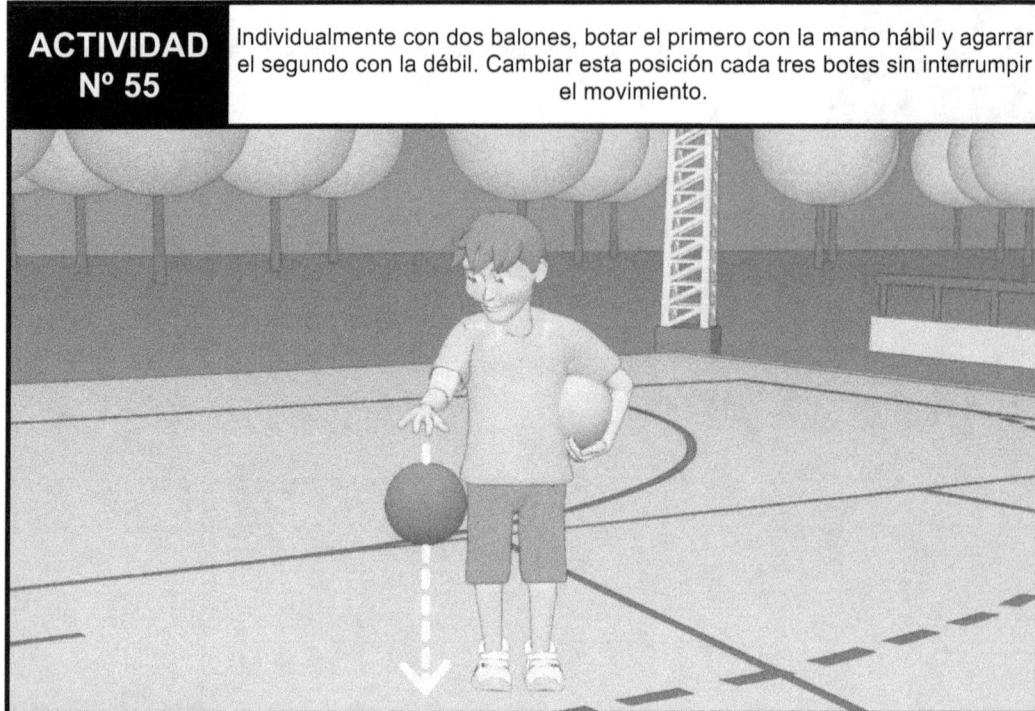

| ACTIVIDAD Nº 56 | Igual que el ejercicio anterior, pero ahora nos desplazamos por el espacio de trabajo. |

ACTIVIDAD Nº 57 — Igual que el ejercicio anterior, pero ahora llevamos una pelota sobre la palma de la mano y con el brazo extendido.

ACTIVIDAD Nº 58 — Por parejas con un balón, golpearlo y devolverlo al compañero que realiza movimientos a diferentes velocidades.

ACTIVIDAD Nº 59 — Por parejas con un balón, intentar devolverlo a la altura que hemos acordados.

ACTIVIDAD Nº 60 — En grupos de tres, jugar al gato y al ratón intentando, el que la queda, golpear el balón hacia una zona acordada para salvarse.

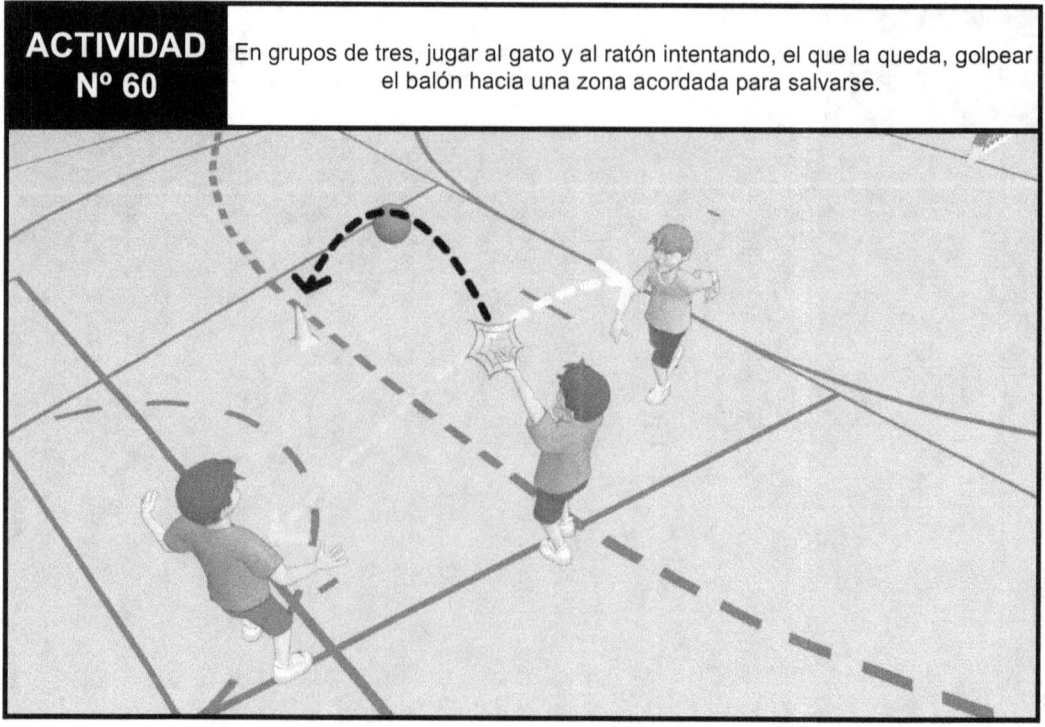

| ACTIVIDAD Nº 61 | En grupo, utilizando un plinto como portería, realizar lanzamientos todos a la vez intentando marcar el mayor número de goles. |

| ACTIVIDAD Nº 62 | Por parejas con dos balones, realizar pases simultáneos un balón siempre por arriba y otro balón siempre rodado. |

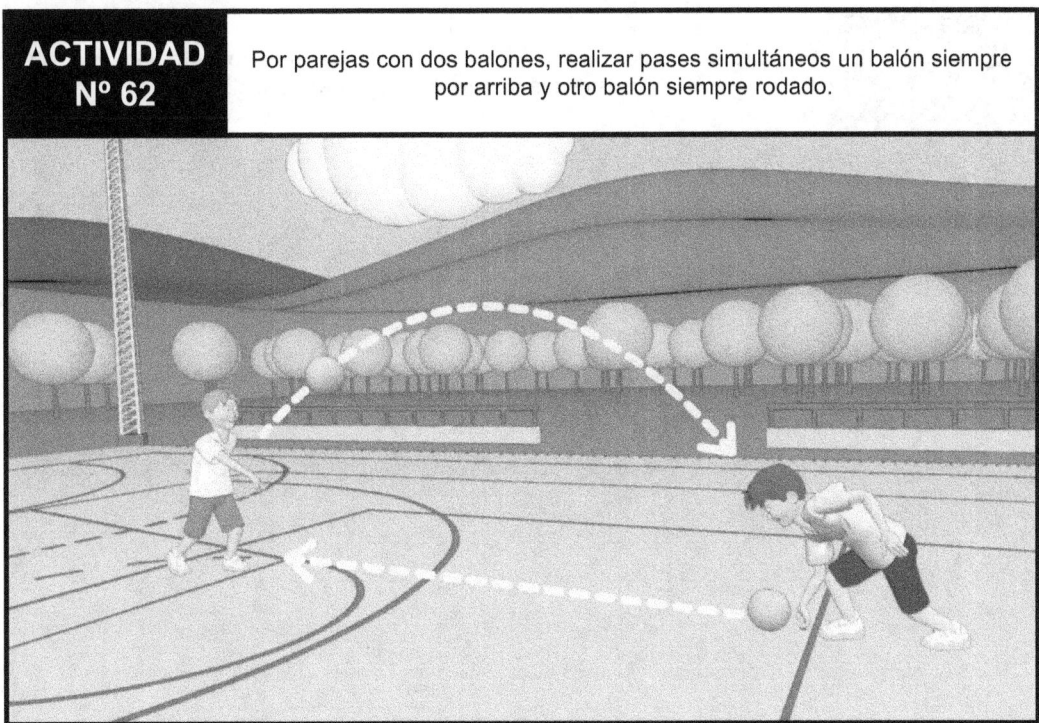

ACTIVIDAD Nº 63 — Por parejas con dos balones, pasarlo a la vez de espaldas entre nuestras piernas intentando que no choquen.

ACTIVIDAD Nº 64 — Por parejas con dos balones, pasárselos a la vez al compañero para que éste los reciba sin que se les caigan al suelo.

| ACTIVIDAD N° 65 | En grupo de tres, jugar al gato y al ratón. El alumno de en medio trata de interceptar los pases de sus compañeros. |

| ACTIVIDAD N° 66 | Igual que el ejercicio anterior, pero ahora la quedan dos alumnos. |

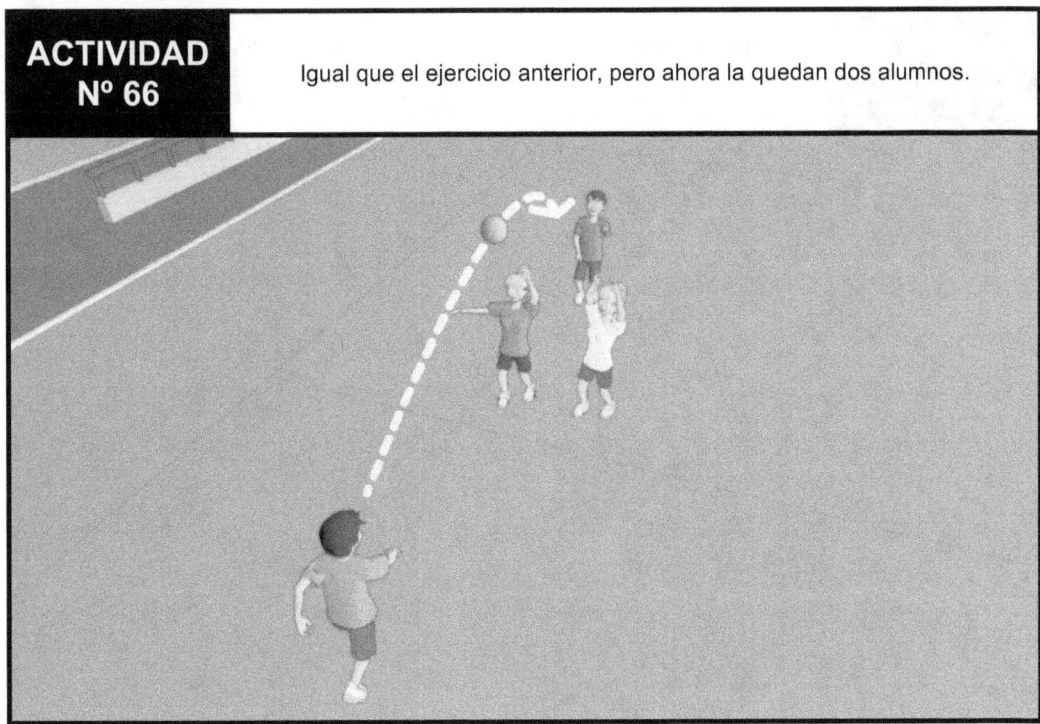

ACTIVIDAD Nº 67

Igual que el ejercicio anterior, pero ahora los pases e intercepciones se realizan con los pies.

ACTIVIDAD Nº 68

Por parejas con un balón, el primero realiza un lanzamiento rodado y su compañero corre detrás para interceptarlo antes de que llegue a una línea acordada.

ACTIVIDAD Nº 69

Por parejas con un balón, desplazándonos por el espacio de trabajo, pasarlo al compañero cada cierto número de pasos o metros.

ACTIVIDAD Nº 70

Por parejas con un balón, el primero lo pasa a diferentes alturas y el compañero lo golpea con la parte del cuerpo más adecuado.

| ACTIVIDAD N° 71 | Individualmente con un balón, botarlo sorteando por arriba una serie de obstáculos que nos encontramos en el camino (vallas, bancos…). |

| ACTIVIDAD N° 72 | Igual que el ejercicio anterior, pero ahora sorteamos los obstáculos por debajo. |

| ACTIVIDAD Nº 73 | Individualmente con un balón y frente a una serie de obstáculos, pasar el primero por debajo golpeando el balón con el pie y el siguiente por arriba botándolo con la mano. |

| ACTIVIDAD Nº 74 | Realizar pases a un compañero lanzando el balón al aire y golpeándolo seguidamente con el pie sin dejarlo caer. |

ACTIVIDAD Nº 75 — Por parejas, mantener un balón en el aire golpeándolo únicamente con los pies o con las manos.

ACTIVIDAD Nº 76 — Realizar pases rodados de modo que el alumno que recibe el balón le mete el pie por debajo y lo eleva con efecto para atraparlo con las manos.

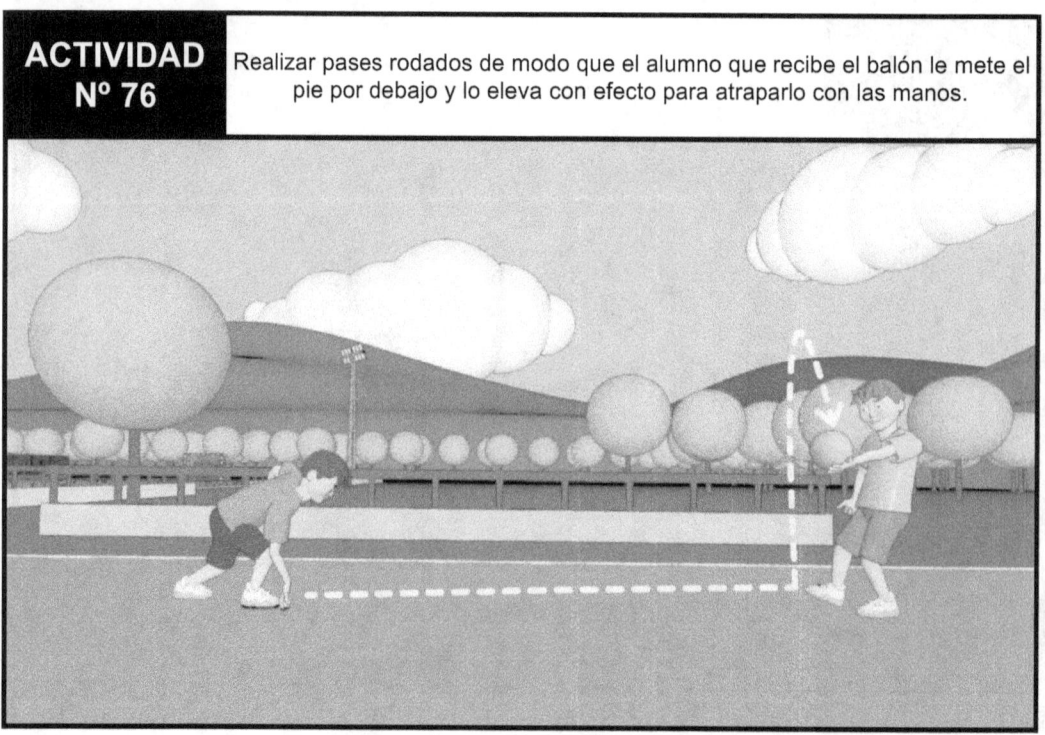

ACTIVIDAD Nº 77 — Jugar al coger utilizando el balón como testigo. El jugado que sea golpeado coge el balón y la queda.

ACTIVIDAD Nº 78 — Igual que el juego anterior, pero ahora juegan por equipos, de modo que el balón puede pasarse a otro compañero para que coja a un contrario.

ACTIVIDAD Nº 79

Por parejas, con un aro, un compañero realiza siempre el mismo movimiento con las manos como si fuese un robot, y el otro le lanza un aro intentando hacer diana.

ACTIVIDAD Nº 80

Situado tras una serie de obstáculo, lanzar el balón por debajo, correr por encima de los obstáculos y recoger el balón antes que llegue a un punto acordado.

ACTIVIDAD Nº 81

Utilizando una fila de picas o bancos, desplazarse corriendo por un lado mientras botamos la pelota por el lado contrario.

ACTIVIDAD Nº 82

Igual que el ejercicio anterior, pero ahora vamos por el medio del obstáculo hasta el final y volvemos de espaldas.

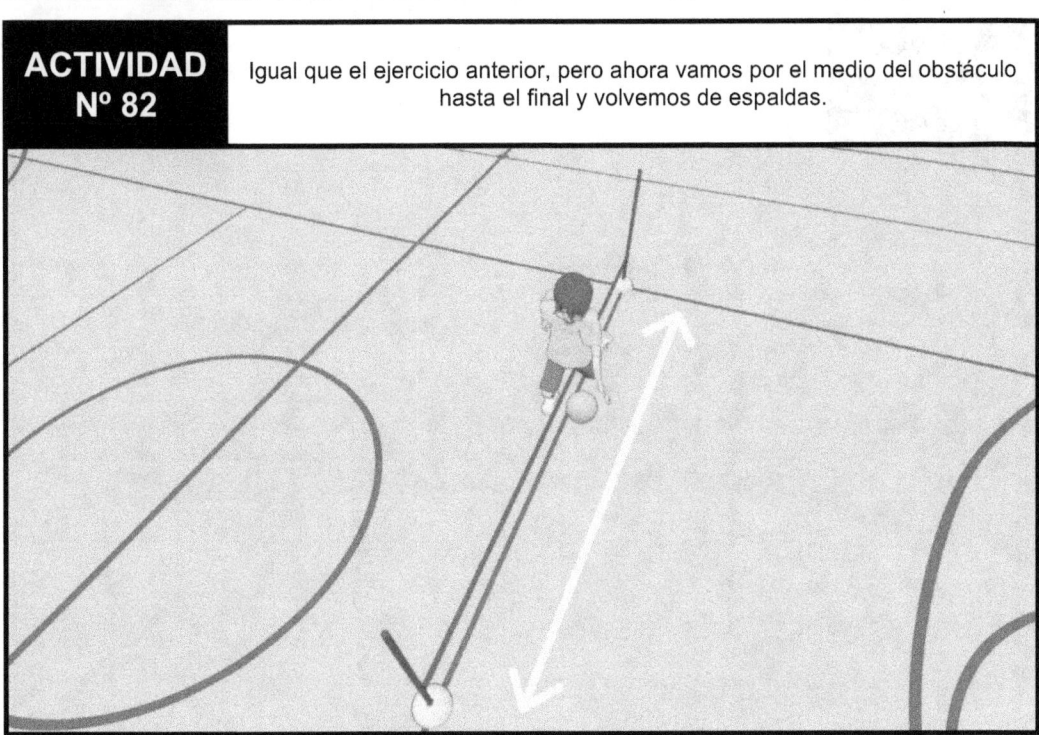

| ACTIVIDAD Nº 83 | Igual que el ejercicio anterior, pero ahora saltamos el obstáculo de lado a lado mientras botamos el balón. |

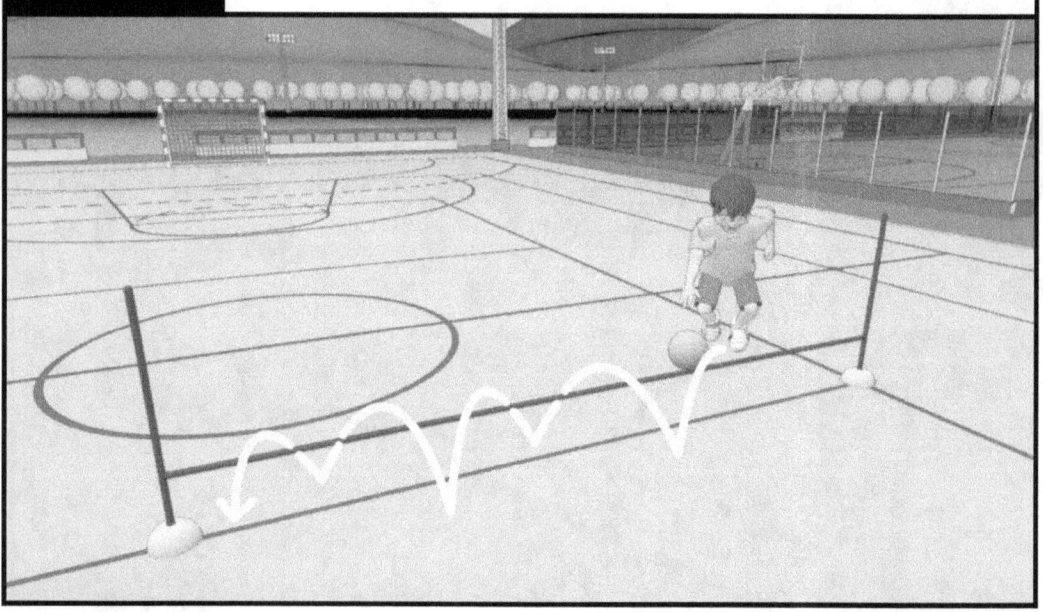

| ACTIVIDAD Nº 84 | Tras sortear varios obstáculos botando el balón, saltar el último lanzando a canasta. |

ACTIVIDAD Nº 85

Por parejas, golpear la pelota contra una pared sin que caiga al suelo utilizando únicamente las manos o los pies.

ACTIVIDAD Nº 86

Por parejas, el primero lanza la pelota contra la pared con las manos y, sin dejarla caer la pasa con el pie a otro compañero que repite la acción.

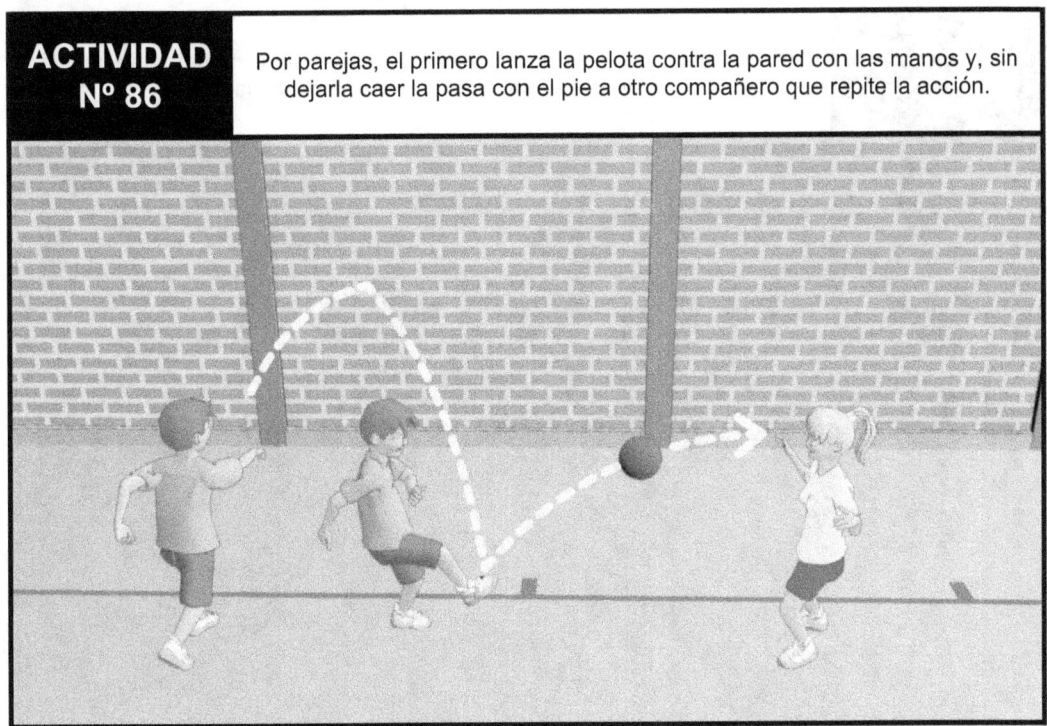

ACTIVIDAD Nº 87

Jugar un partido de "obles" utilizando una pelota de plásticos.

ACTIVIDAD Nº 88

Mantener una pelota de ping pong en el aire dándole un número determinado de golpes y a continuación enviarla contra la pared.

ACTIVIDAD N° 89

Igual que el ejercicio anterior, pero ahora recogemos la pelota y continuamos dándole golpes

ACTIVIDAD N° 90

Por parejas, el primero hace rodar un aro y su compañero intenta meter la pelota por éste sin interrumpir el desplazamiento.

ACTIVIDAD Nº 91 — Por parejas con una pelota y un aro, pasarse la pelota siempre por arriba y el aro rodado de forma consecutiva.

ACTIVIDAD Nº 92 — Por parejas, el primero bota un balón lo más fuerte posible contra el suelo y su compañero coloca el aro y lo quita cada vez que la pelota dé un bote. ¿Quién consigue colocar el aro más veces?

ACTIVIDAD Nº 93

Conducir un balón entre los conos haciendo slalom con los pies.

ACTIVIDAD Nº 94

Igual que el ejercicio anterior, pero ahora conducimos en zigzag.

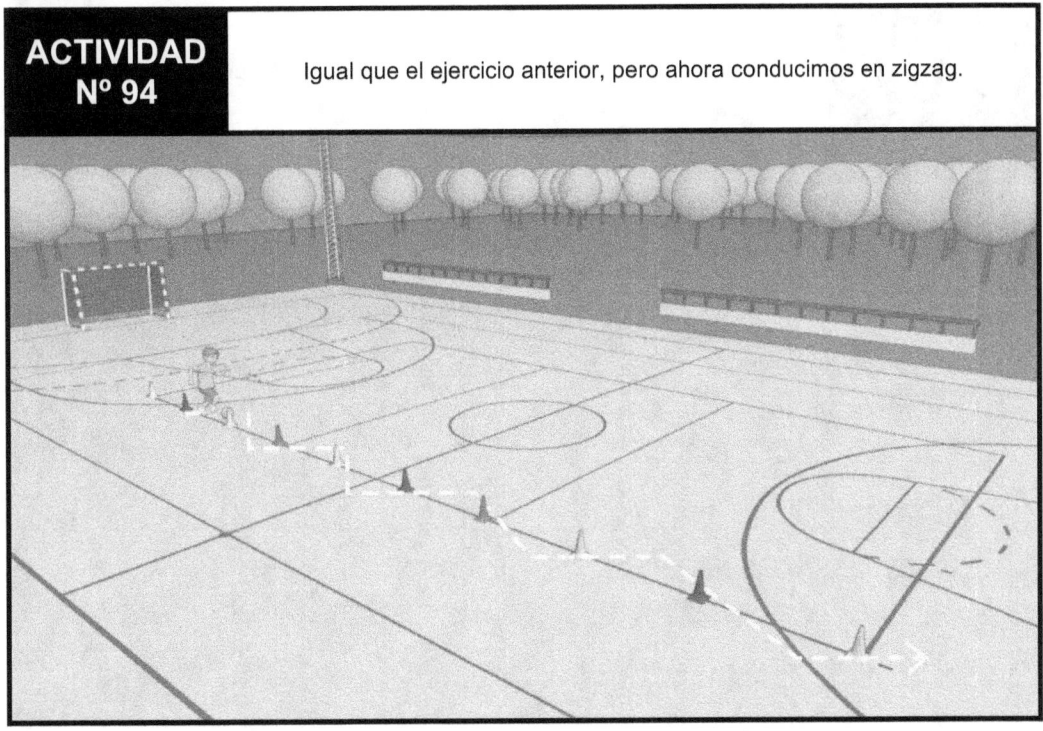

ACTIVIDAD Nº 95

Igual que el ejercicio anterior, pero ahora, en cada cono, damos un giro completo y continuamos hasta el siguiente cono.

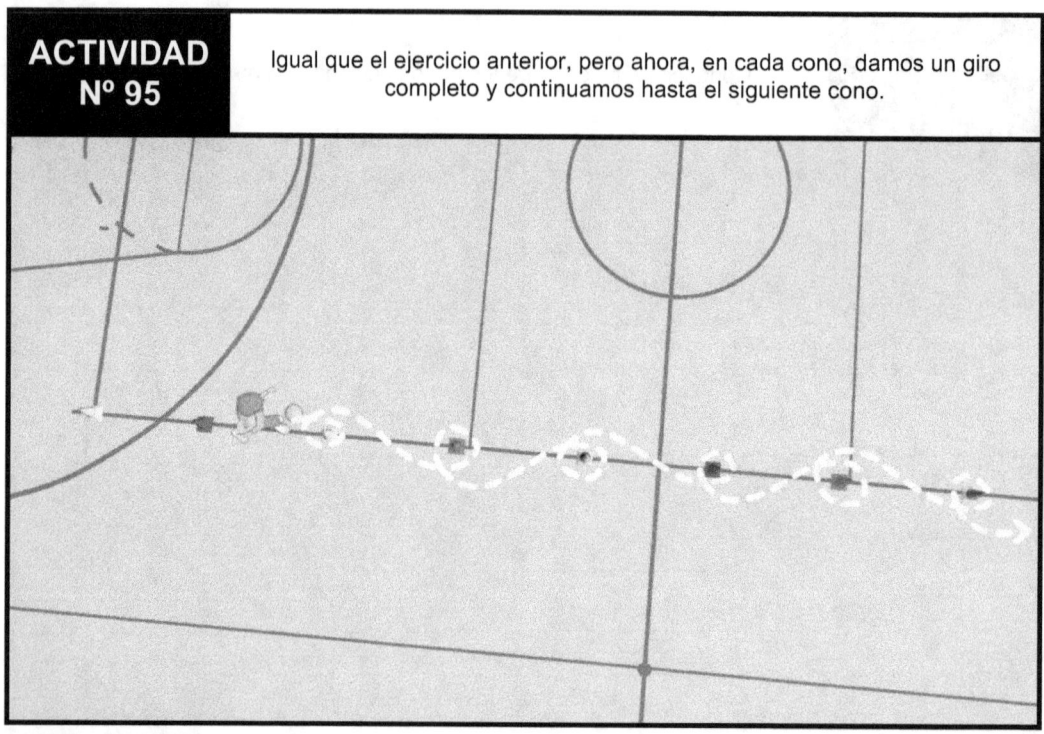

ACTIVIDAD Nº 96

Conducir un balón entre los conos haciendo slalom botando con las manos.

ACTIVIDAD Nº 97 — Conducir un balón haciendo zigzag entre los conos botando con las manos.

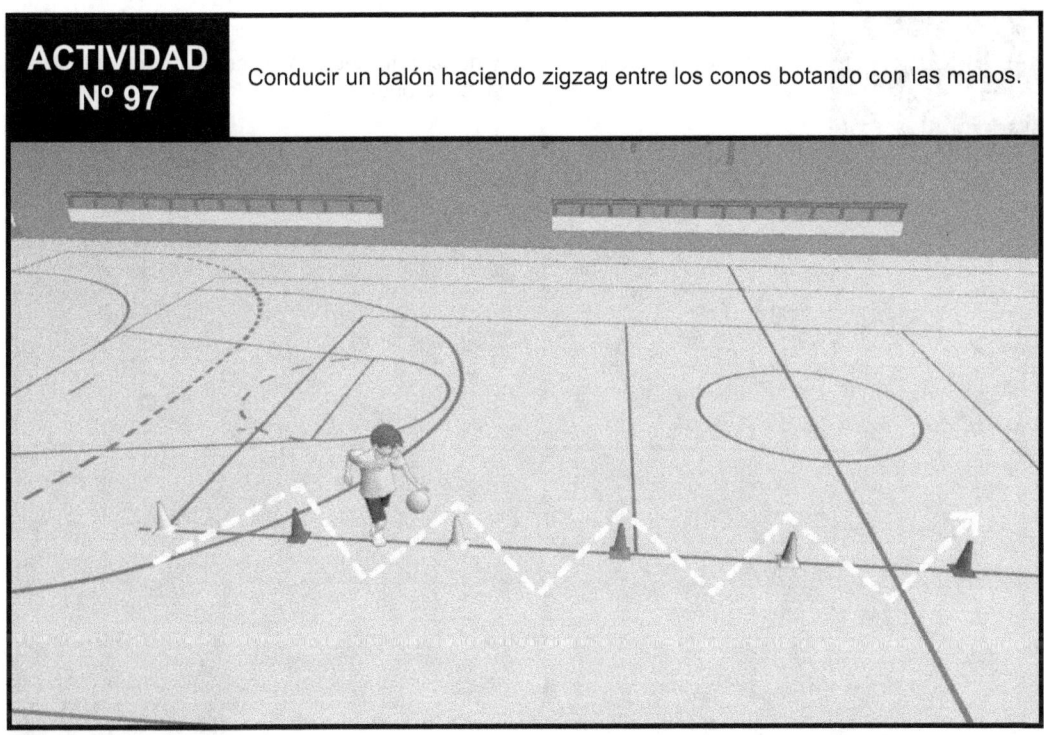

ACTIVIDAD Nº 98 — Conducir un balón botándolo con las manos dándole una vuelta completa a cada cono.

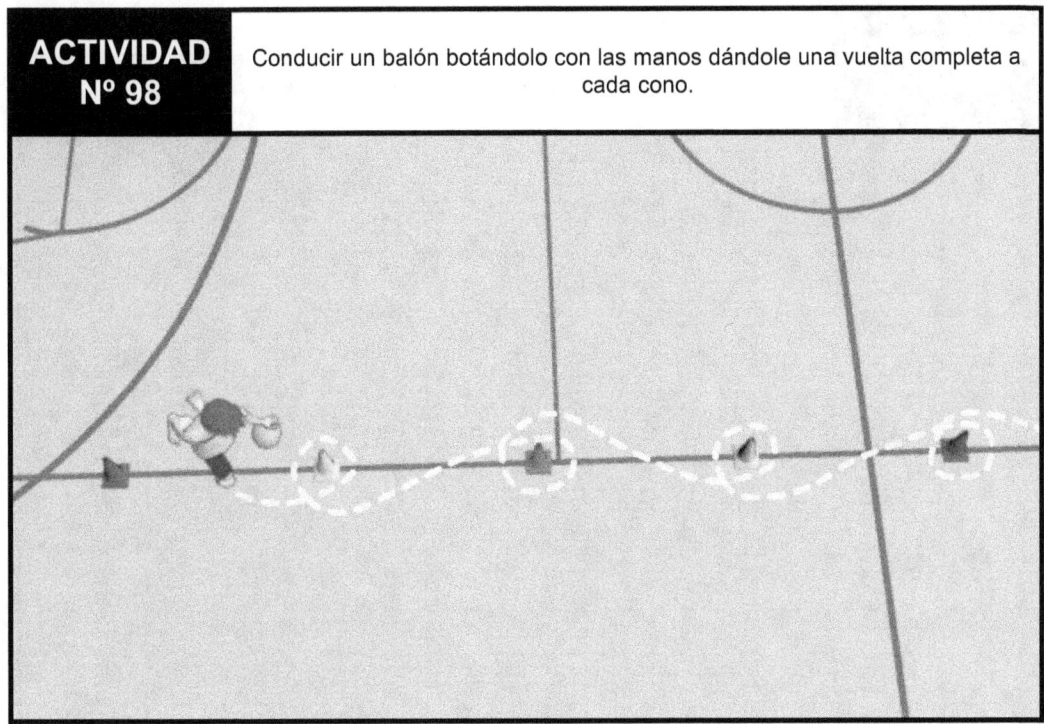

| ACTIVIDAD N° 99 | Conducir un balón con los pies y hacer paredes con los compañeros antes de lanzar a puerta. |

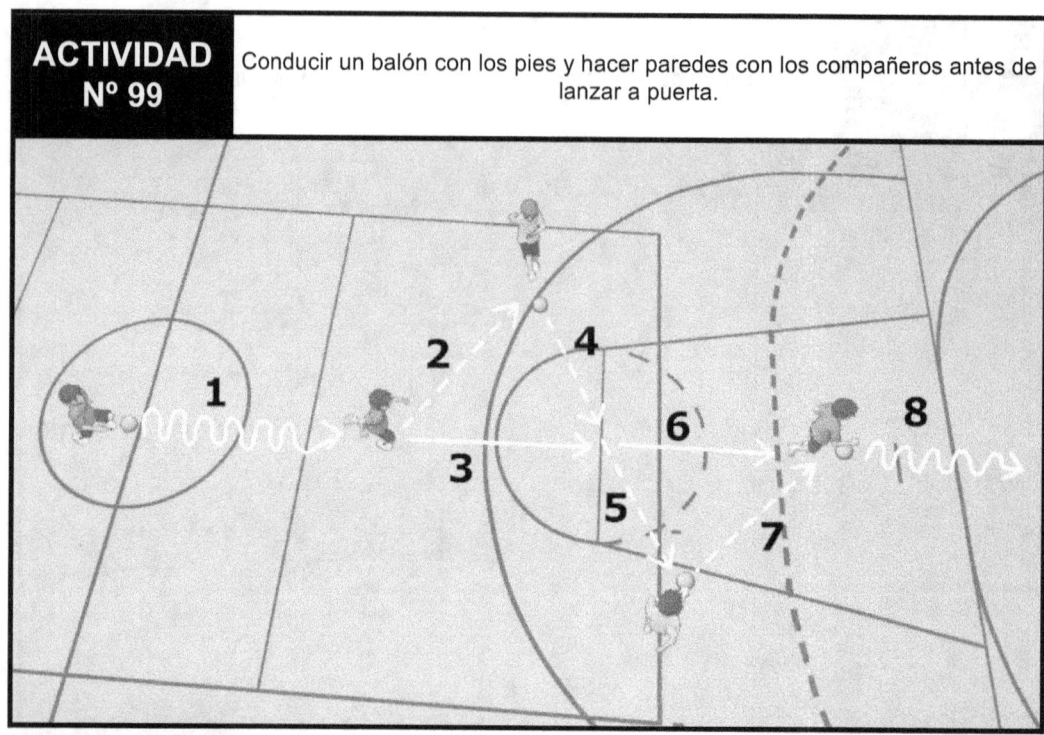

| ACTIVIDAD N° 100 | Conducir el balón con los pies en slalom y a continuación hacer pared con el compañero antes de tirar a puerta. |

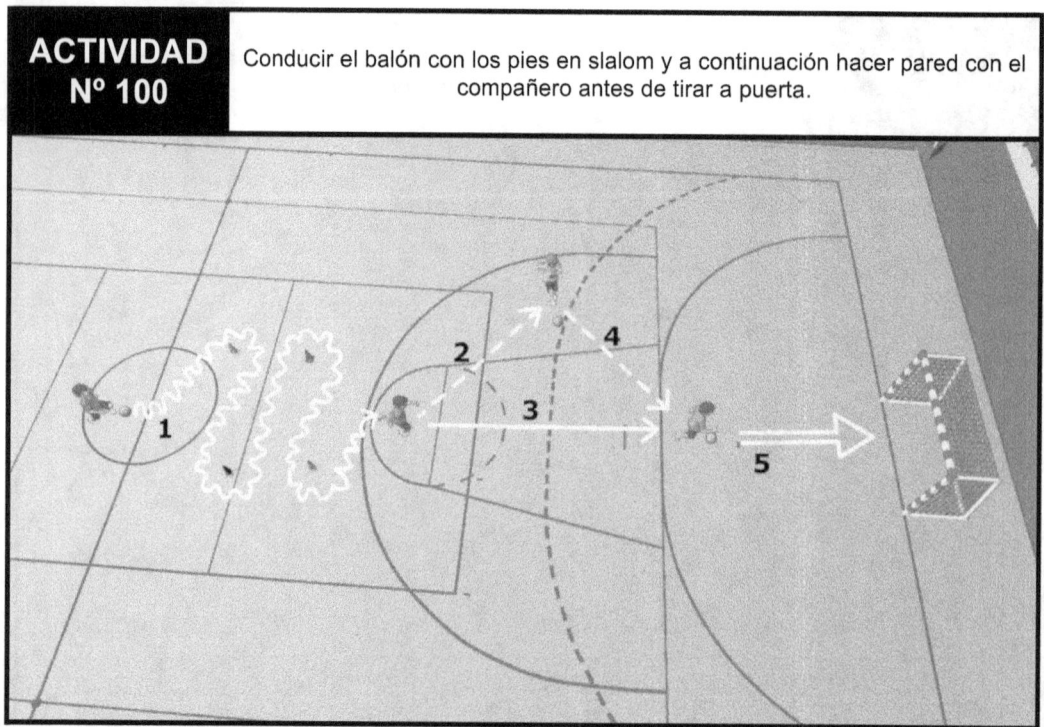

lo que llamamos lateralidad, y es la responsable de que golpeemos mejor con una pierna que con otra, utilicemos una raqueta con una u otra mano, saltemos con el apoyo de un determinado pie... La lateralidad depende en gran medida de la predominancia de uno de los hemisferios cerebrales sobre el otro (el izquierdo en los diestros, y el derecho en los zurdos). A modo anecdótico diremos que hay tres tipos de lateralidad: homogénea o integral (cuando un lado del cuerpo predomina absolutamente sobre el otro), heterogénea o no integral (cuando la predominancia no es total: cruzada, invertida...), y ambidiestro (no predomina ningún lado, utiliza con igual eficacia ambos lados, o utiliza un lado para unas tareas y el otro para otras diferentes).

- Tono postural: hace referencia a la cantidad de tensión o contracción muscular que posibilita las diferentes actividades corporales. Por regla general se trata de un estado permanentemente activo e inconsciente, por lo que su buen funcionamiento incidirá en el ahorro energético.

- Respiración: la toma de conciencia y el control de la respiración ayudan en el conocimiento del propio cuerpo (así como a la hora de aportar oxígeno y eliminar dióxido de carbono en la actividad física).

- Relajación: en cuanto que permite al alumno diferenciar los grados de tensión e incluso la ausencia de esta.

Consideraciones para la enseñanza

Resulta complicado plantear un trabajo específico para cada uno de los contenidos que hemos visto de forma resumida en las páginas anteriores, ya que existe una relación muy estrecha entre ellos. Aún así podemos hallar una correspondencia entre los tres grandes rasgos que darían como resultado diferentes tipos de tareas:

- **TEMPORALIDAD + ESPACIALIDAD:** trabajo de organización espacio-temporal.
- **TEMPORALIDAD + CORPORALIDAD:** trabajo de ritmo.
- **CORPORALIDAD + ESPACIALIDAD:** trabajo de lateralidad.

Atendiendo a la edad de los alumnos, el docente también debe tener en cuenta en su planificación las siguientes características:

- Las tareas de aprendizaje estarán basadas en la globalidad y en el juego, de modo que sea el alumno el protagonista de su aprendizaje y no el de uno forzado.

- Entre los 8 - 12 años el alumno ya posee una imagen definitiva de su esquema corporal, es decir, ya conoce las partes de su cuerpo y las considera como un agente más de los que puede incidir en el entorno.

- A partir de los 8 años el alumno ya tiene conciencia de los conceptos izquierda y derecha, por lo que el trabajo puede enfocarse más hacia la posición de él mismo respecto a objetos u otras personas en vez de hacia sus segmentos corporales.

- Los 8 - 12 años es un momento idóneo para comenzar el trabajo de ritmo de forma progresiva (palmadas, movimiento del cuerpo, coreografías...).

400 JUEGOS Y EJERCICIOS DE EDUCACIÓN FÍSICA DE BASE: PARA NIÑOS DE 10 A 12 AÑOS

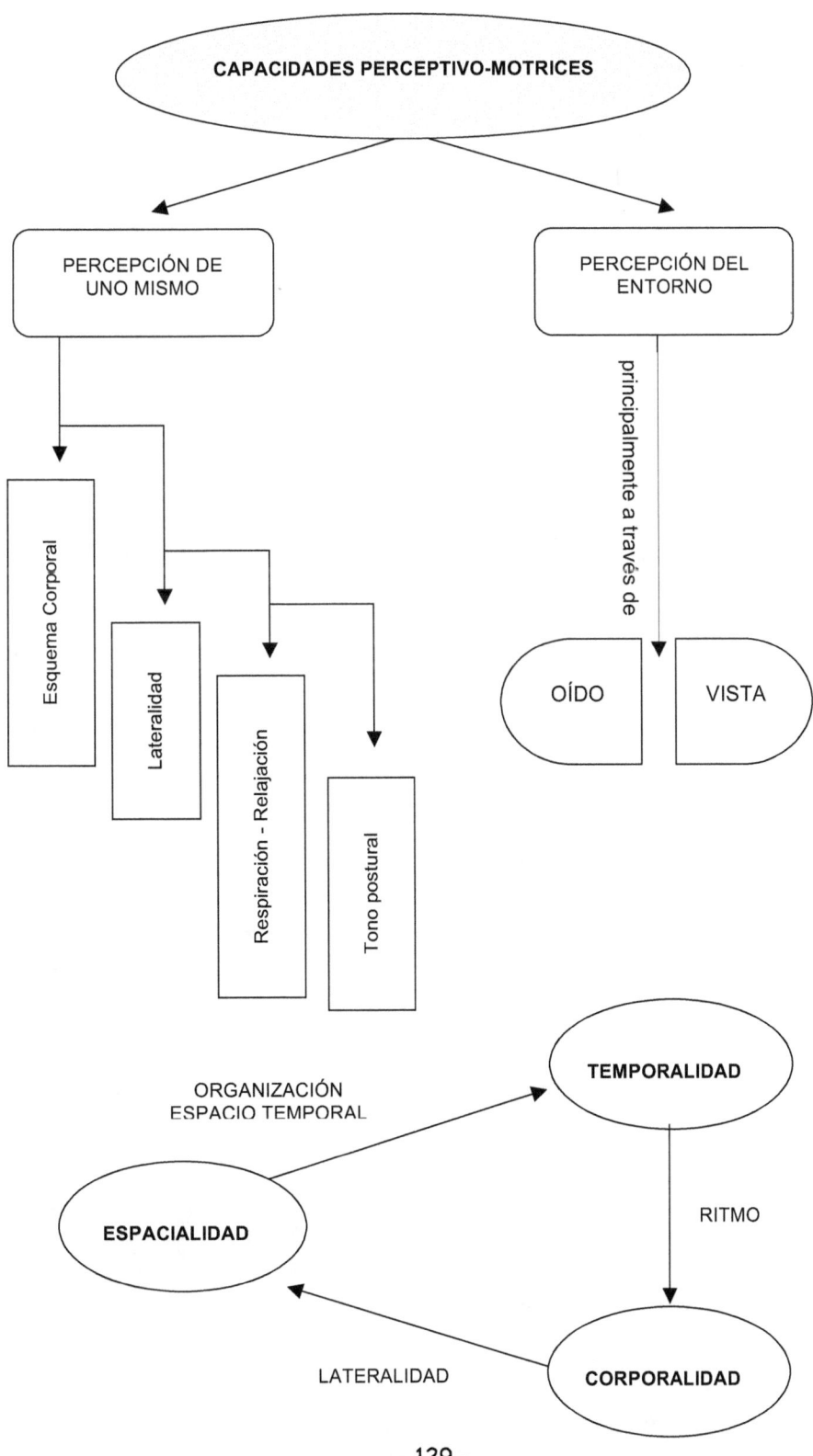

ACTIVIDAD Nº 1

Situados en posición de flexión de brazos, dejar las manos fijas y andar hacia delante hasta pasar las piernas entre los brazos, quedando en la posición indicada por el profesor: sentados, de rodillas, acostados...

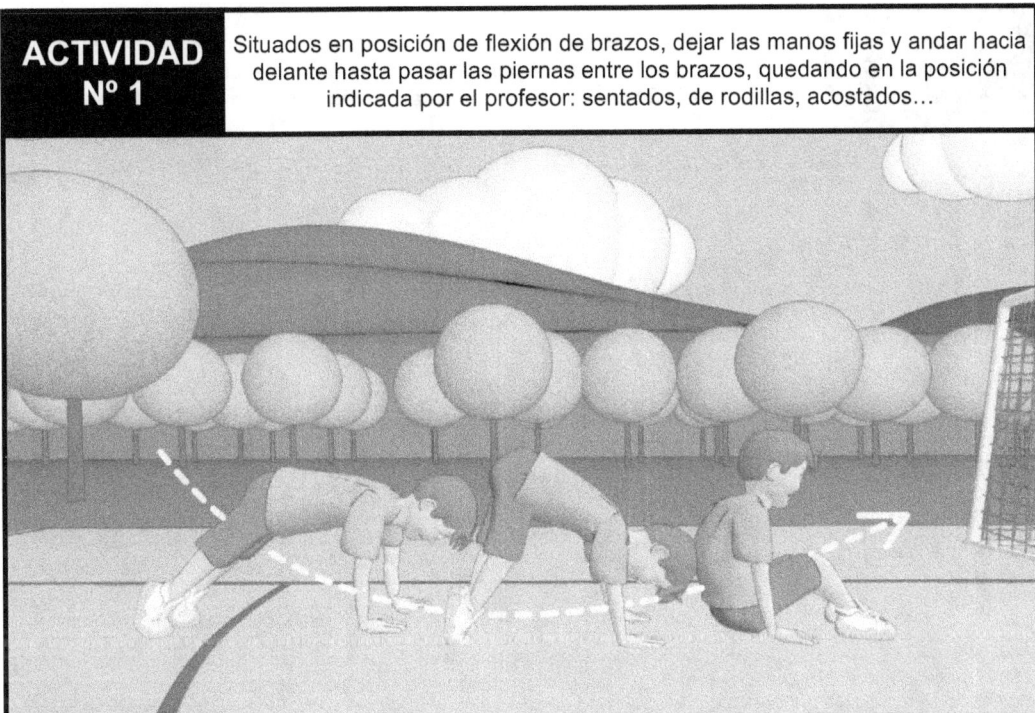

ACTIVIDAD Nº 2

En la misma disposición que el ejercicio anterior, dar un salto abriendo las piernas y colocarlas junto a las manos. Para aumentar la dificultad podemos indicarle a los alumnos que salten y quiten las manos poniéndose de pie.

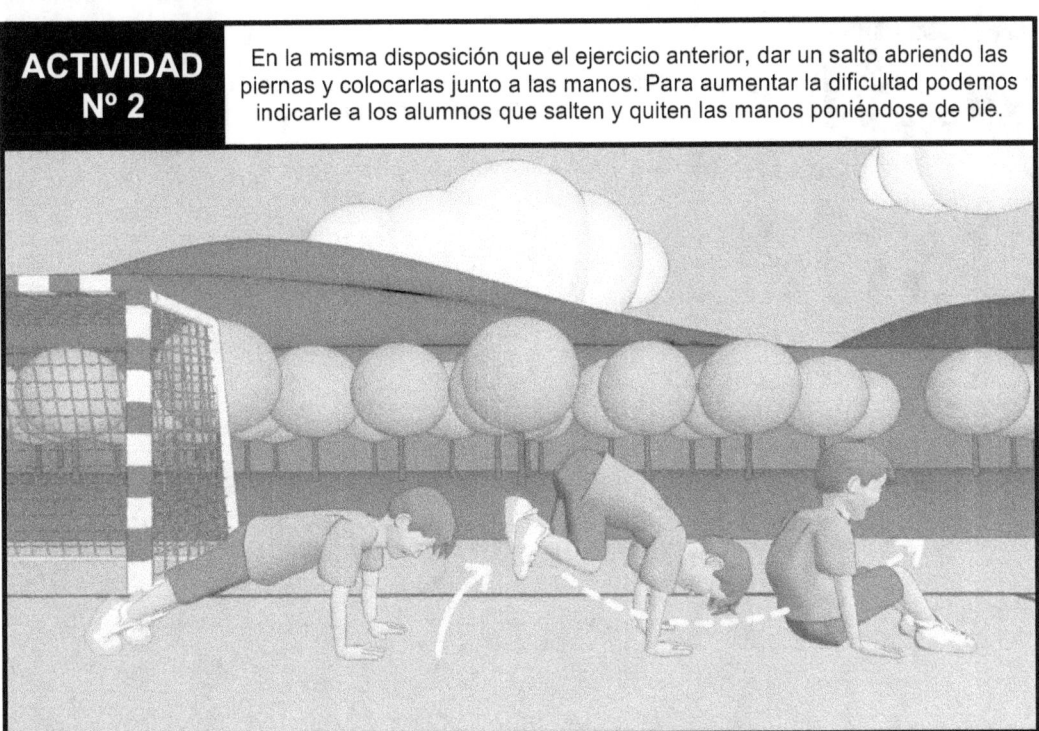

| ACTIVIDAD Nº 3 | Situados en posición de flexión de brazos, dejar las manos fijas en el suelo y andar hacia delante hasta colocar los pies debajo del cuerpo. Desde esta posición encogida dejarnos caer atrás haciendo la "cunita". |

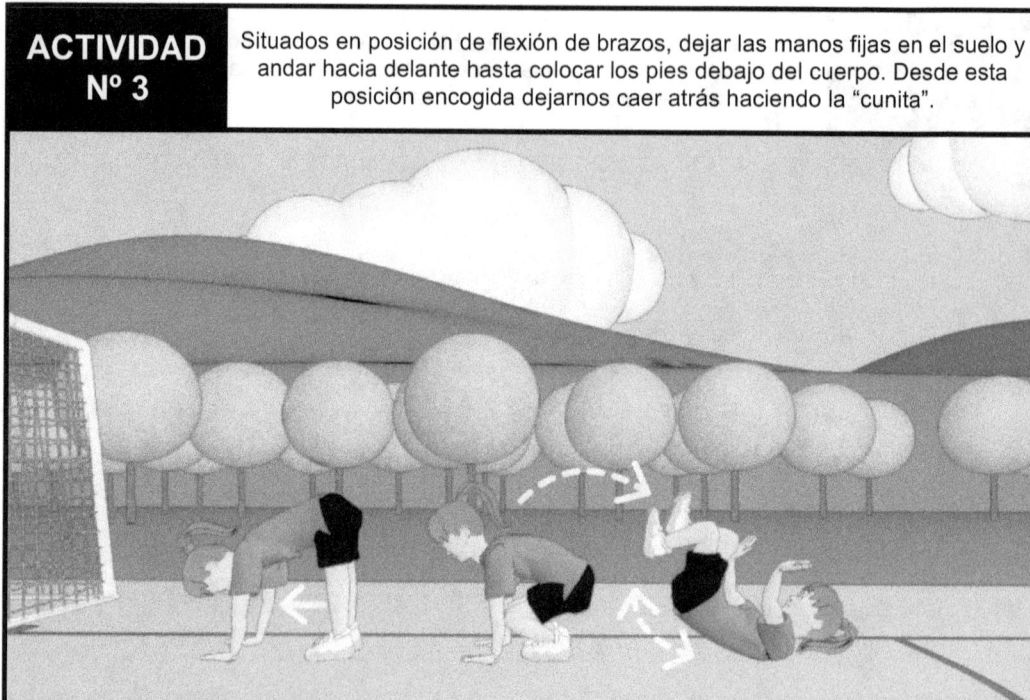

| ACTIVIDAD Nº 4 | Colocados en posición de flexión de brazos con piernas abiertas, dejar los pies fijos en el suelo y andar hacia atrás con las manos dejándolas debajo de la cintura quedando sentados. |

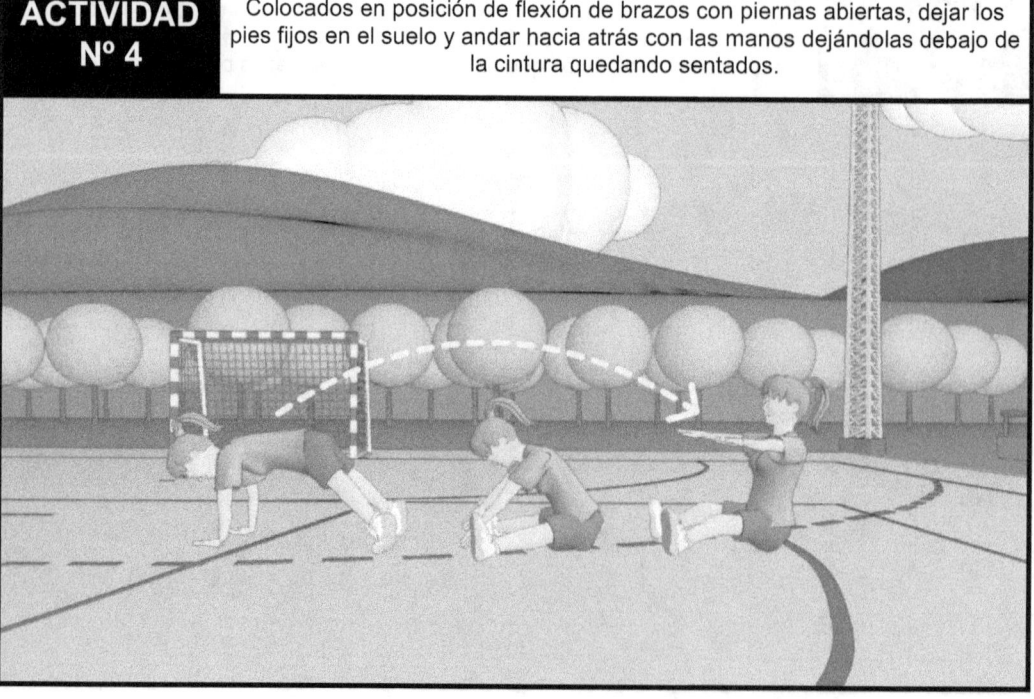

| ACTIVIDAD Nº 5 | Hacer la "cuna" cogiendo cada vez más velocidad, de modo que consigamos colocarnos en cuclillas para, desde esta posición, realizar otra acción: voltereta adelante, voltereta atrás. |

| ACTIVIDAD Nº 6 | Situados por parejas o tríos, el primero inventa un movimiento y el resto tiene que imitarlo a cámara lenta. Después cambio de roles. |

| ACTIVIDAD Nº 7 | En posición de flexión de brazos (cuatro apoyos), quitar el apoyo que indica el profesor e intentar desplazarse a tres apoyos (dos pies y una mano dos manos y un pie). |

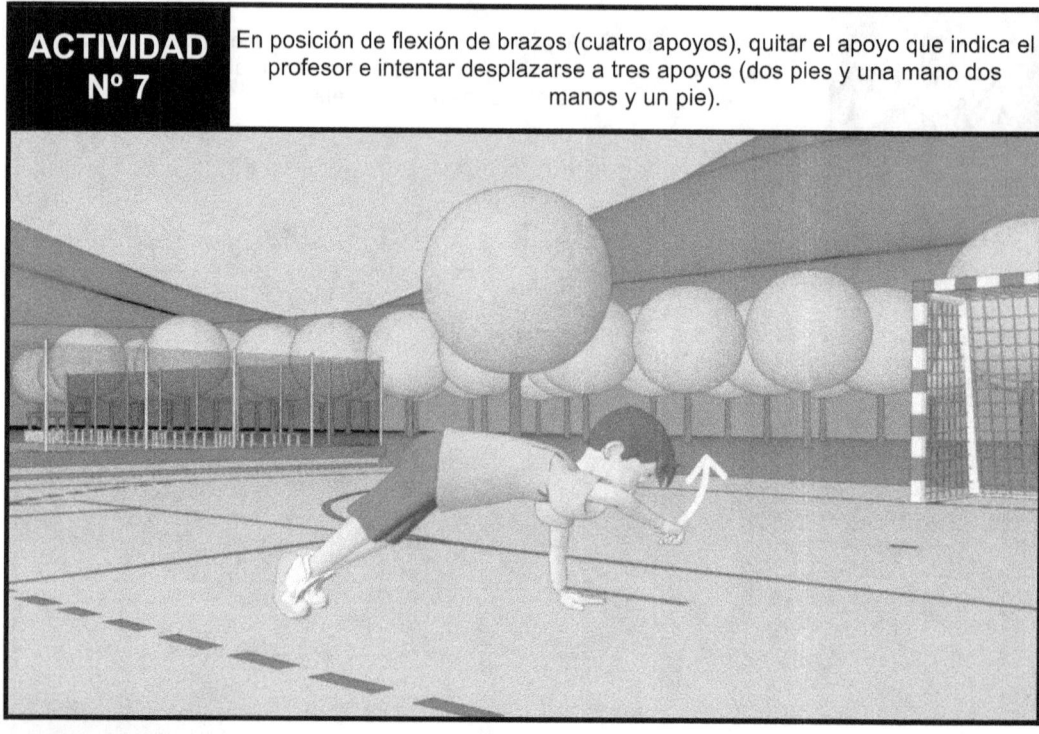

| ACTIVIDAD Nº 8 | Por parejas, el primero sentado en el suelo, y el compañero trata de levantarlo utilizando únicamente un brazo. Realizar el ejercicio también con la otra mano. |

| ACTIVIDAD Nº 9 | Por parejas, empujar al compañero utilizando únicamente un brazo. Realizar el ejercicio también con el otro brazo. |

| ACTIVIDAD Nº 10 | De pie, con los pies fijos al suelo, moverse hacia los lados o adelante y atrás lo más lejos posible sin perder el equilibrio. |

| ACTIVIDAD Nº 11 | Por parejas o tríos, el primero inventa un movimiento o una posición que obligatoriamente implique colocar una mano en el suelo, y el resto de compañeros tiene que imitarlo. |

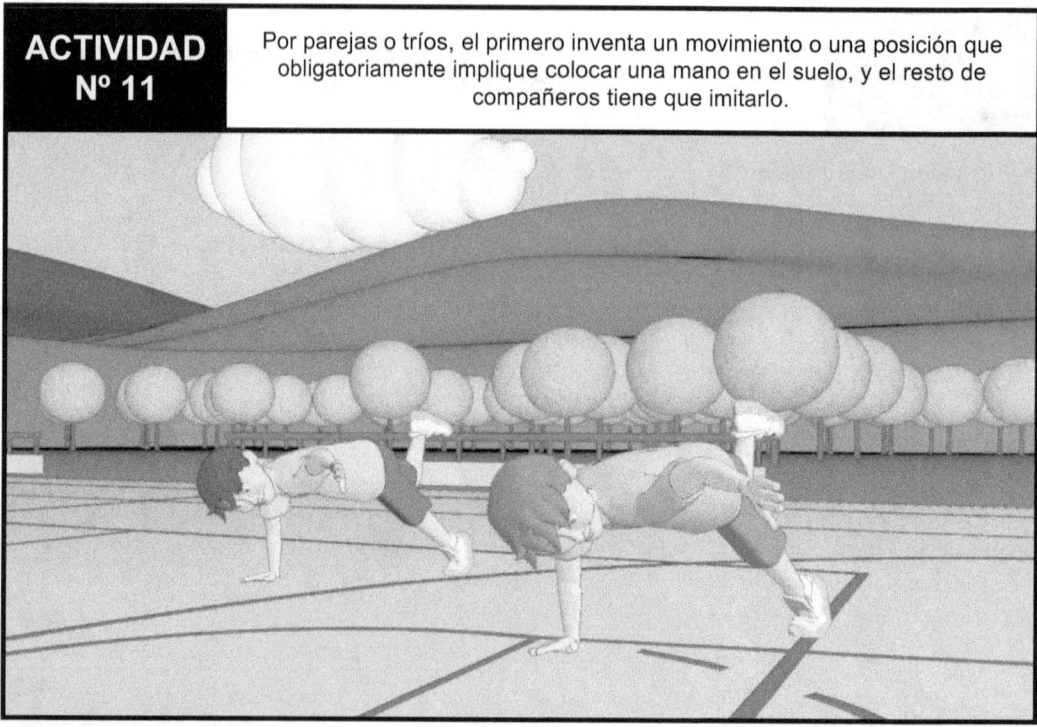

| ACTIVIDAD Nº 12 | Colocados en parejas, el primero acostado en el suelo, se deja mover por el compañero como si fuese un muñeco. |

ACTIVIDAD Nº 13

Por parejas, atrapando una pierna de nuestro compañero, intentar girar a diferentes velocidades.

ACTIVIDAD Nº 14

Situados en parejas, el primero hace de muñeco "rígido" y su compañero intenta moverle las extremidades. El muñeco empujará en la dirección contraria a la que intenta mover el otro alumno.

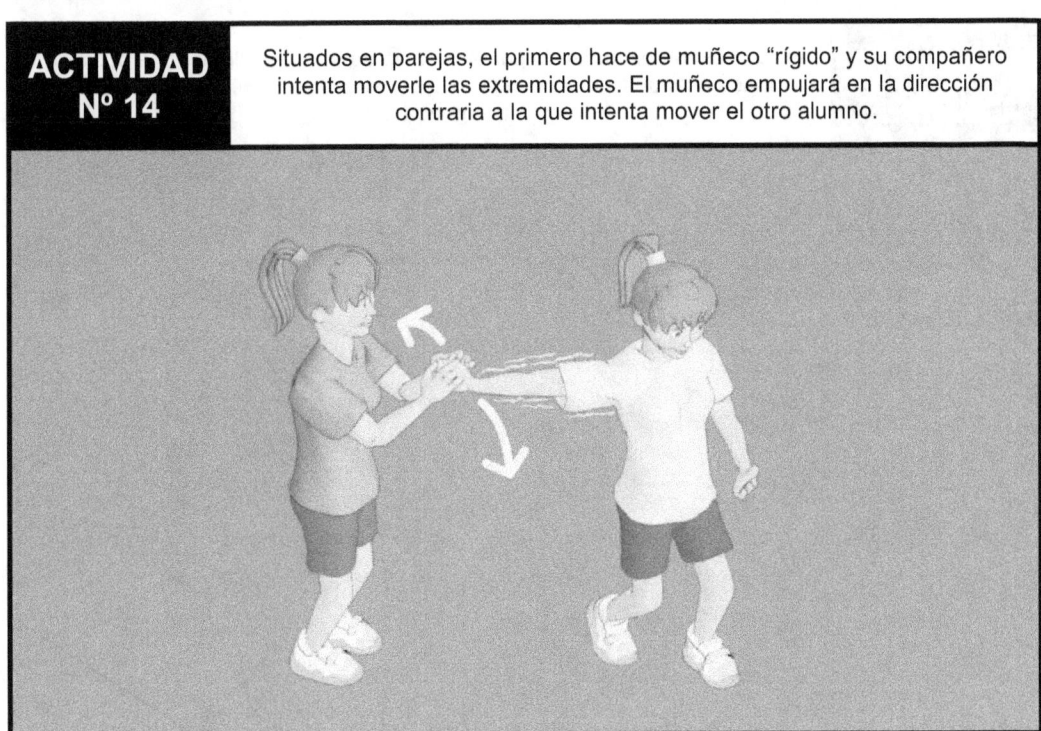

| ACTIVIDAD N° 15 | Por parejas o grupos, desplazarse por todo el espacio de trabajo detrás de un compañero que, a la señal del profesor, se para y se coloca en una posición inventada. El resto de alumnos tiene que imitar esta posición lo más rápido posible. |

| ACTIVIDAD N° 16 | Individualmente, corriendo por el espacio de trabajo, adoptar una posición inventada cuando lo indique el profesor y continuar desplazándose así hasta la segunda señal. |

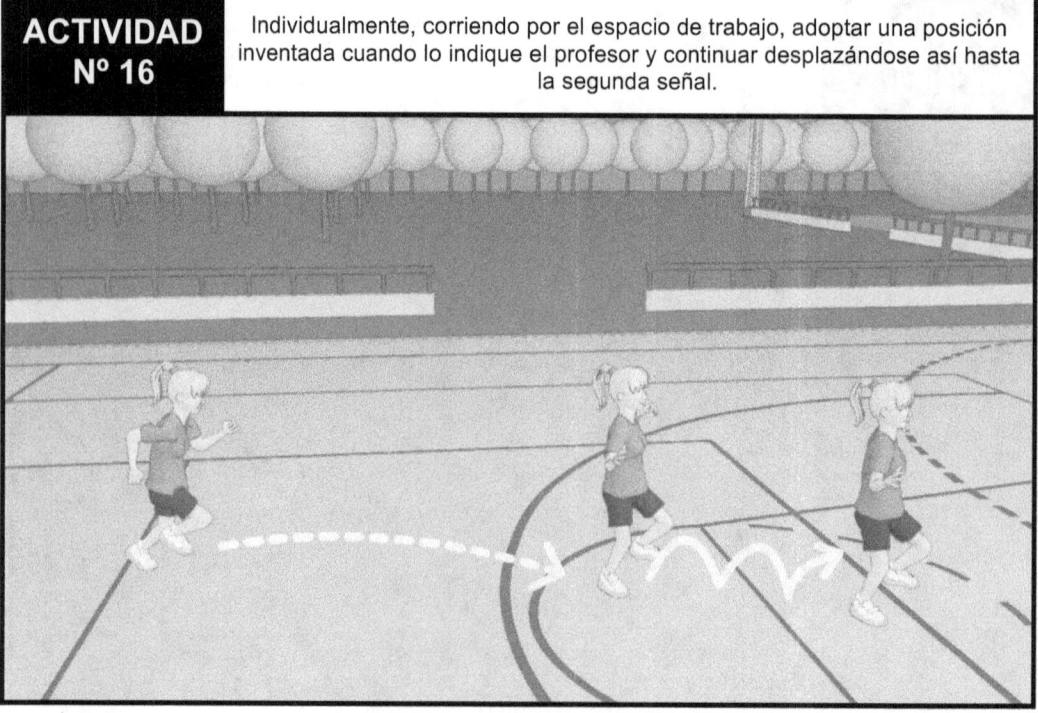

| ACTIVIDAD N° 17 | "Los robots gemelos". Situados por parejas, el primero adopta una posición inventada y su compañero la imita. |

| ACTIVIDAD N° 18 | Desplazarse por parejas haciendo la carretilla siguiendo las indicaciones del profesor (un pitido→rápido, dos pitidos→lento, tres pitidos→cambio de roles). |

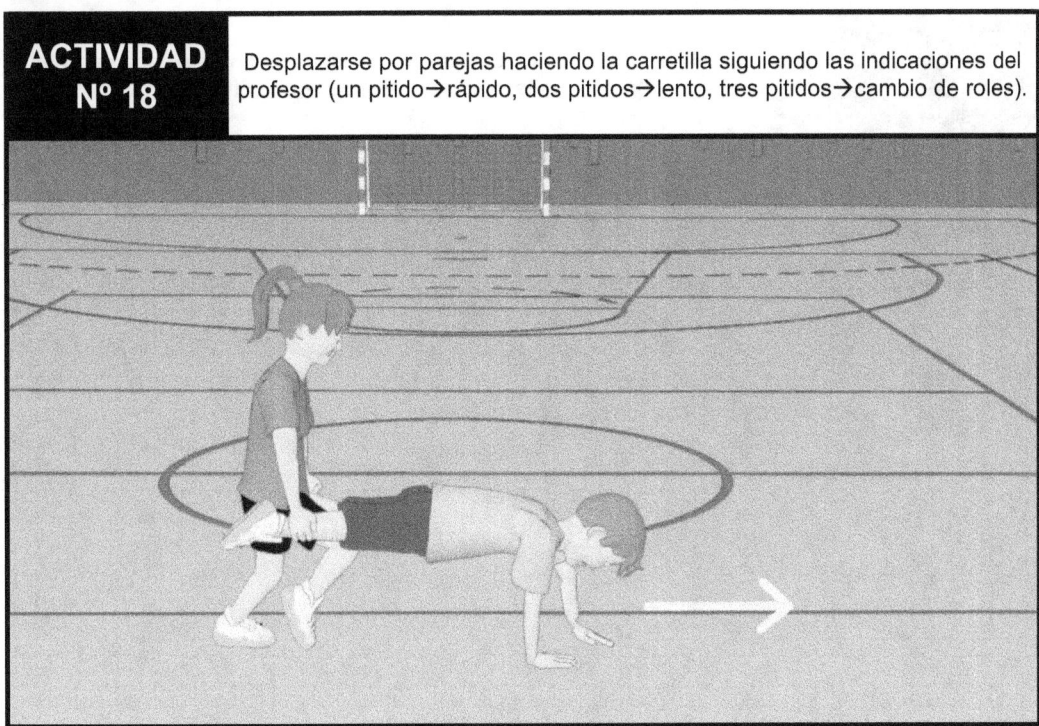

ACTIVIDAD Nº 19

En gran grupo, desplazándonos por todo el espacio de trabajo, colocar la mano donde nos indique el profesor y continuar corriendo en esa posición.

¡Mano a la cadera!

ACTIVIDAD Nº 20

Igual que el ejercicio anterior, pero ahora corremos por parejas agarrando al compañero de la parte que indique el profesor.

ACTIVIDAD Nº 21

Por parejas, intentar tocar al compañero en la zona que ha indicado el profesor evitando ser tocados.

ACTIVIDAD Nº 22

Por parejas, situados uno frente a otro como si fuese un espejo, el primero realiza movimientos lentamente y el compañero lo imita.

ACTIVIDAD Nº 23 — Por parejas, el primero acostado en el suelo con piernas y brazos abiertos, y el compañero se desplaza a pata coja saltando las extremidades que diga el profesor.

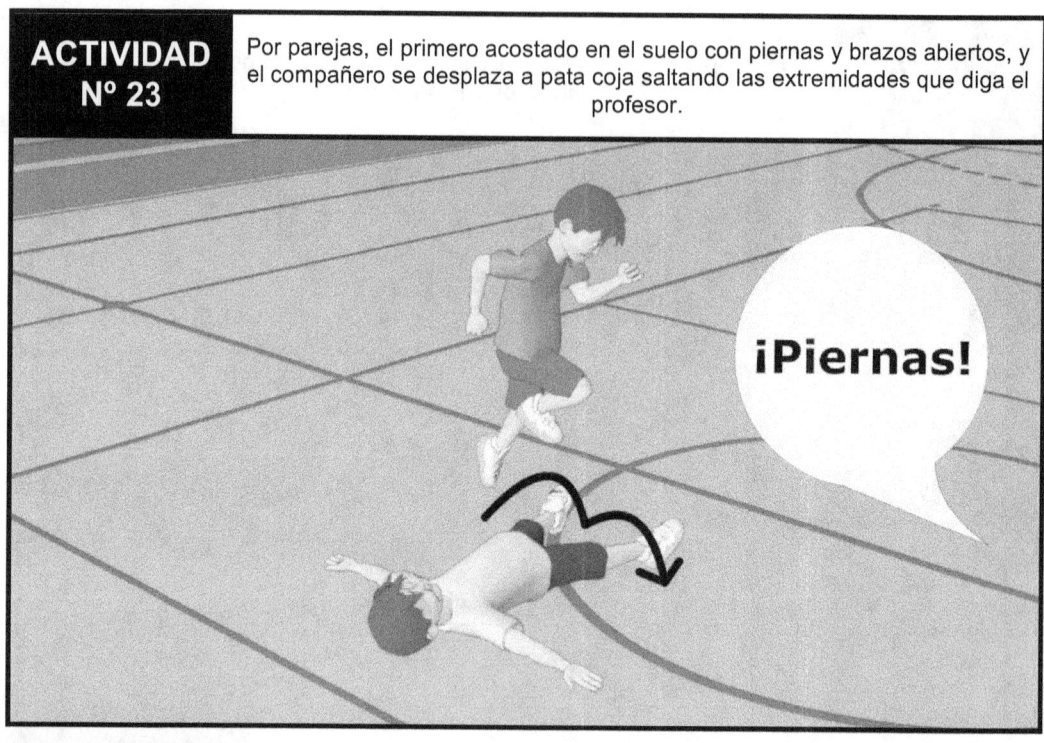

ACTIVIDAD Nº 24 — Por parejas, desplazarse por el espacio de trabajo y, a la señal del profesor, el primero se coloca en la posición acordada y el compañero le salta.

| ACTIVIDAD Nº 25 | Situados en parejas, el primero acostado en el suelo con las extremidades era tensión. El compañero intentará moverlo como si fuese un muñeco oxidado. |

| ACTIVIDAD Nº 26 | Por parejas, el primero de pie con los ojos vendados, intenta adivinar el sitio donde le sopla el compañero. |

| ACTIVIDAD Nº 27 | Tras colocar varios bancos suecos en el espacio de trabajo (u otros obstáculos), los alumnos comienzan a desplazarse y, a la señal, del profesor, corren a tocar uno de los bancos como indica el profesor (con las dos manos, con la cabeza, a pata coja...). |

| ACTIVIDAD Nº 28 | Desplazarse por una fila de bancos suecos colocando el cuerpo de la manera que indique el profesor: brazos en cruz, haciendo el robot con las extremidades rígidas. |

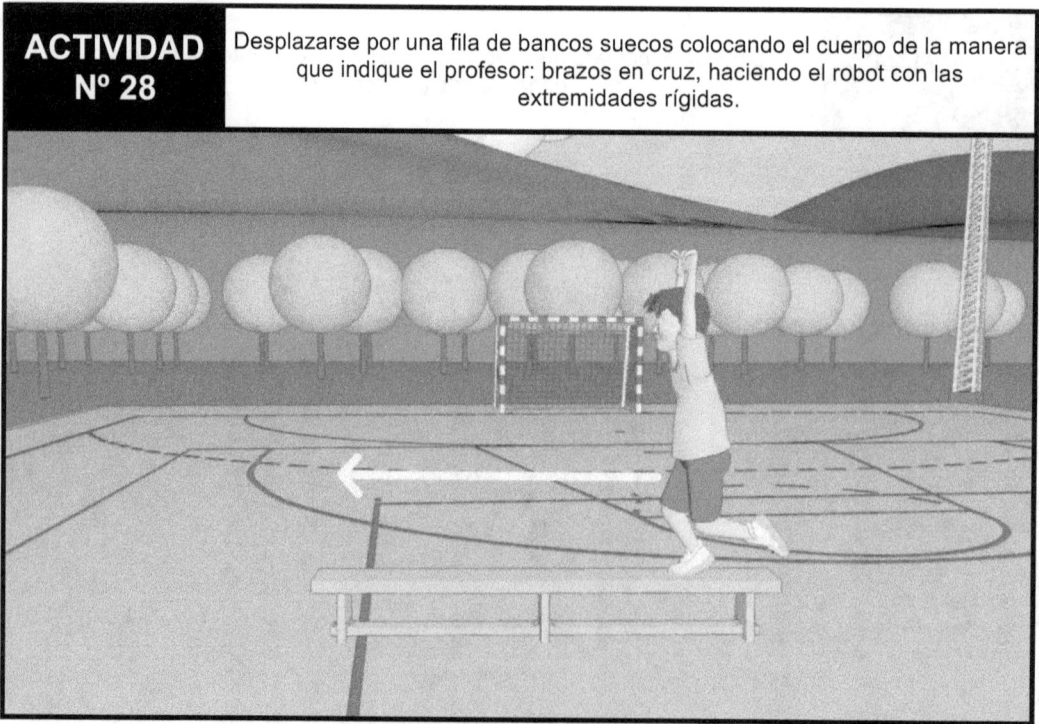

ACTIVIDAD Nº 29

Desplazarse por encima de una fila de bancos suecos siguiendo las indicaciones del profesor: una rodilla en el banco y un pie en el suelo, una mano y un pie en el banco y el otro pie en el suelo…

ACTIVIDAD Nº 30

Pasar por encima de un banco sueco haciendo el cangrejo.

| ACTIVIDAD Nº 31 | Pasar por encima de un banco sueco de lado sin cruzar los pies o de espaldas. |

| ACTIVIDAD Nº 32 | Pasar un banco sueco gateando o reptando sobre el tronco. |

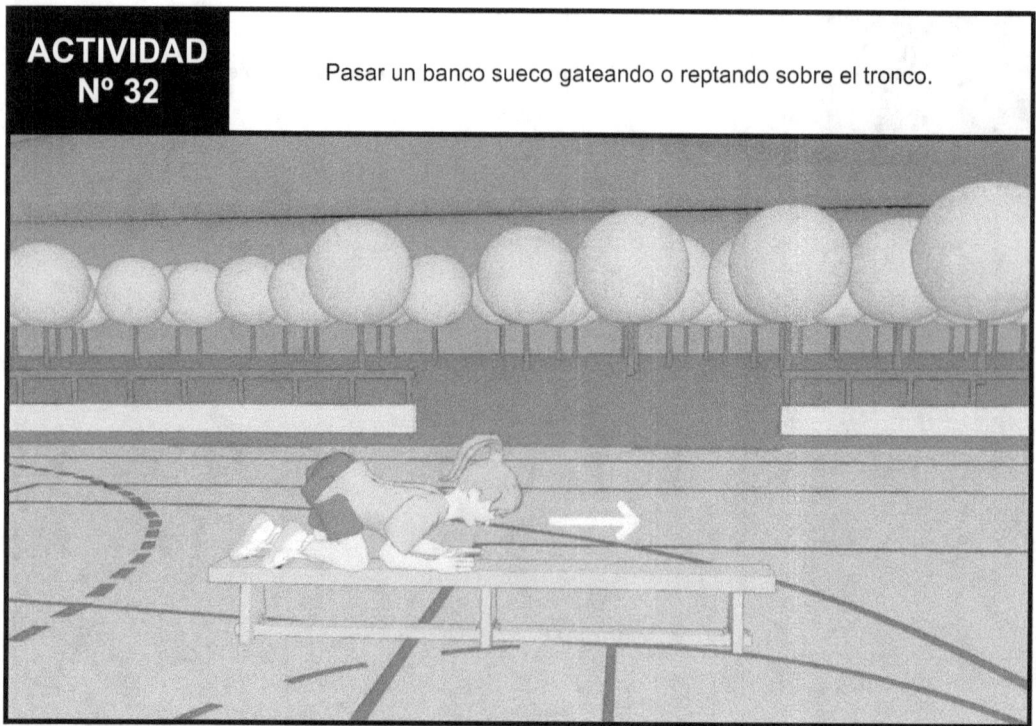

ACTIVIDAD Nº 33

Pasar un banco sueco en cuadrupedia.

ACTIVIDAD Nº 34

Pasar un banco sueco dando pequeños saltos a pata coja.

ACTIVIDAD Nº 35 — Tras colocar los bancos suecos a diferentes alturas, pasarlos en la dirección que indica el profesor (por arriba, por abajo, tumbados, reptando...).

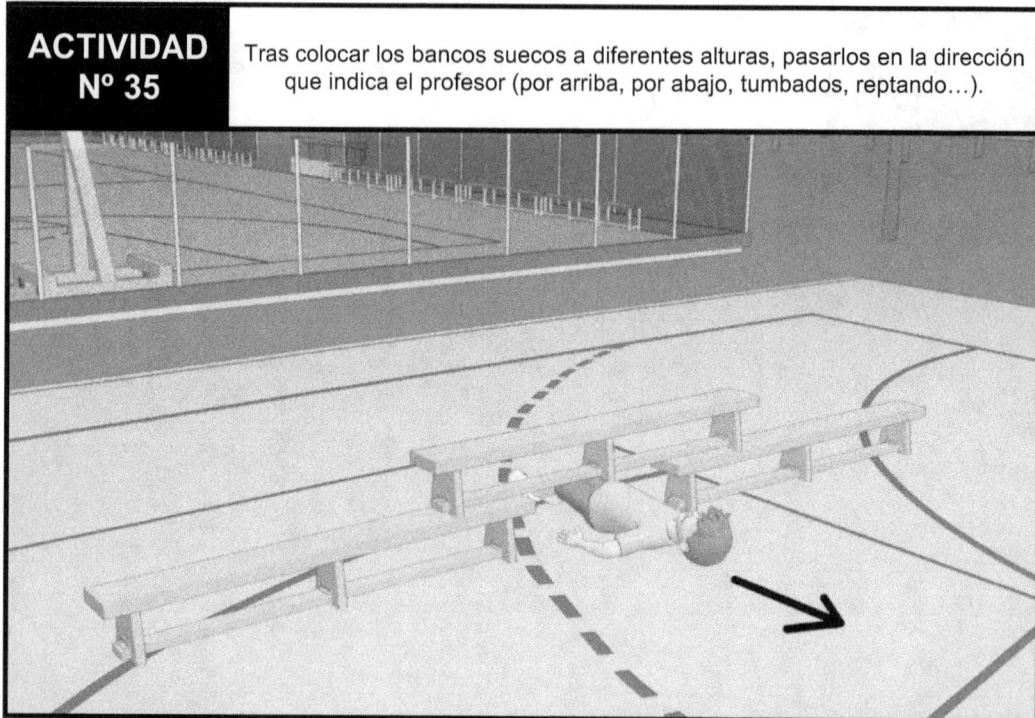

ACTIVIDAD Nº 36 — Desplazarse por encima de un banco sueco adoptando posiciones que sean asimétricas: las piernas por el suelo y los brazos sobre el banco o viceversa.

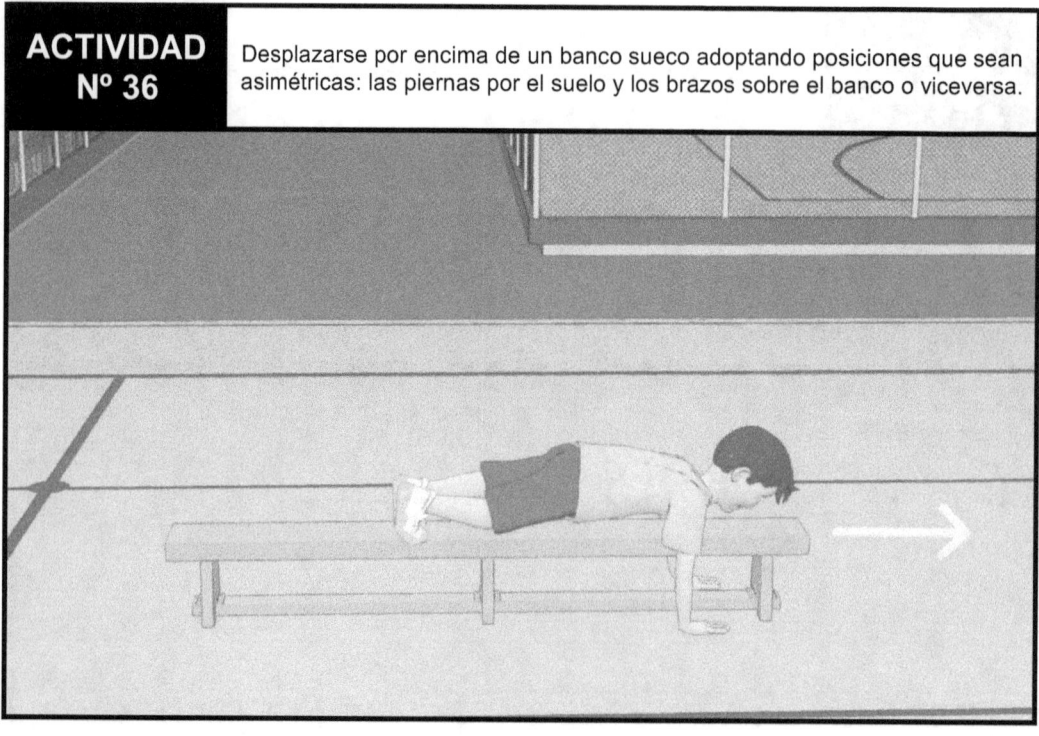

ACTIVIDAD Nº 37

Correr hacia un cajón de plinto a diferentes velocidades y saltar sobre el quedándonos en equilibrio con los dos pies juntos.

ACTIVIDAD Nº 38

Igual que el ejercicio anterior, pero esta vez nos quedamos en equilibrio sobre un pie. Practicar el ejercicio con ambos pies.

ACTIVIDAD Nº 39

Desplazarse por encima de un banco sueco y dar un giro completo sin interrumpir la marcha.

ACTIVIDAD Nº 40

En grupos de cuatro, sentados o arrodillados en el suelo, realizar pases rodados con las manos utilizando una pelota pequeña.

ACTIVIDAD Nº 41

Igual que el ejercicio anterior, pero ahora nuestros compañeros se colocan de pie con las piernas abiertas e intentamos colar la pelota entre ellas. ¿Quién consigue meter la pelota entre los tres compañeros con menos lanzamientos?

ACTIVIDAD Nº 42

Igual que el ejercicio anterior, pero ahora el lanzamiento se realiza con el pie.

ACTIVIDAD Nº 43 — Situados frente a tres compañeros que hacen un túnel con sus piernas lanzar una pelota con el pie o con las manos e intentar que pase al lado contrario.

ACTIVIDAD Nº 44 — Por parejas, realizar pases y recepciones con las dos manos, una mano, con bote, bombeados…

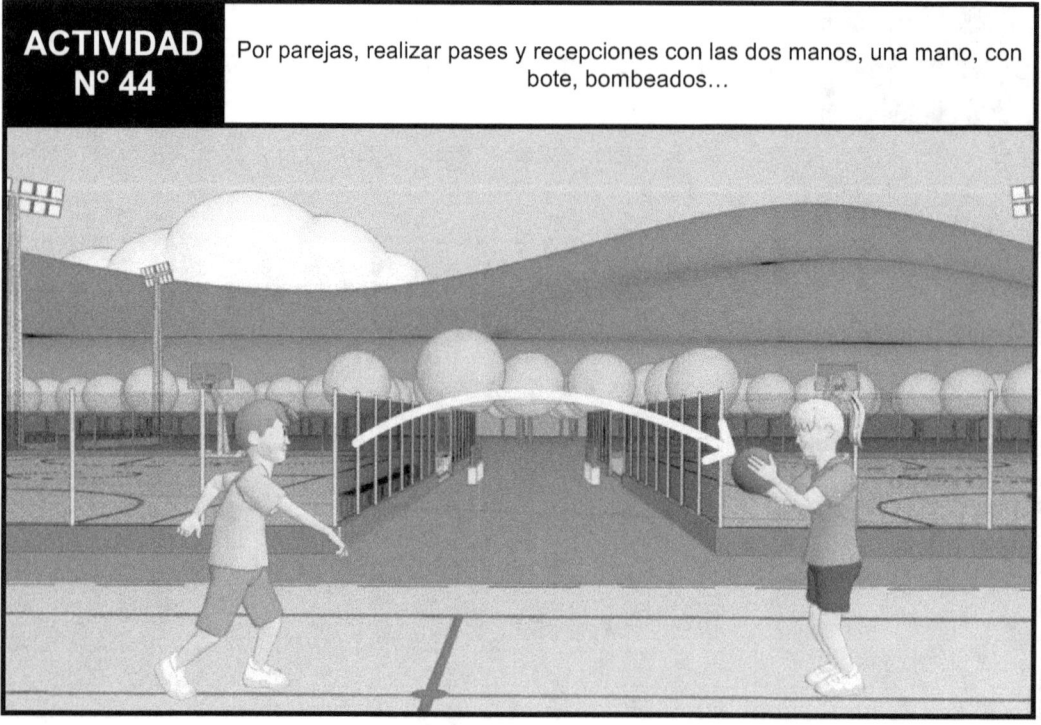

ACTIVIDAD Nº 45

Por parejas, realizar pases al compañero utilizando primero la mano hábil y después la mano débil.

ACTIVIDAD Nº 46

Igual que el ejercicio anterior, pero ahora pasamos el balón con la pierna hábil y después con la pierna débil.

| ACTIVIDAD Nº 47 | Por parejas, pasarle la pelota a un compañero con las manos diciendo en voz alta el lado hacia donde se dirige el pase (en el ejemplo, derecha del receptor). |

| ACTIVIDAD Nº 48 | Individualmente, botar una pelota de plástico o de minibasket con las dos manos a la vez, primero sobre el sitio y después desplazándonos a diferentes velocidades. |

ACTIVIDAD Nº 49

Igual que el ejercicio anterior, pero ahora botamos con la mano hábil y después con la mano débil.

ACTIVIDAD Nº 50

Tras botar una pelota con las dos manos, intentar atraparla antes que caiga al suelo.

ACTIVIDAD Nº 51

Igual que el ejercicio anterior, pero ahora botamos el balón con una mano.

ACTIVIDAD Nº 52

Lanzar una pelota con saque de banda contra la pared, e intentar recogerla lo más cerca del suelo antes de que bote.

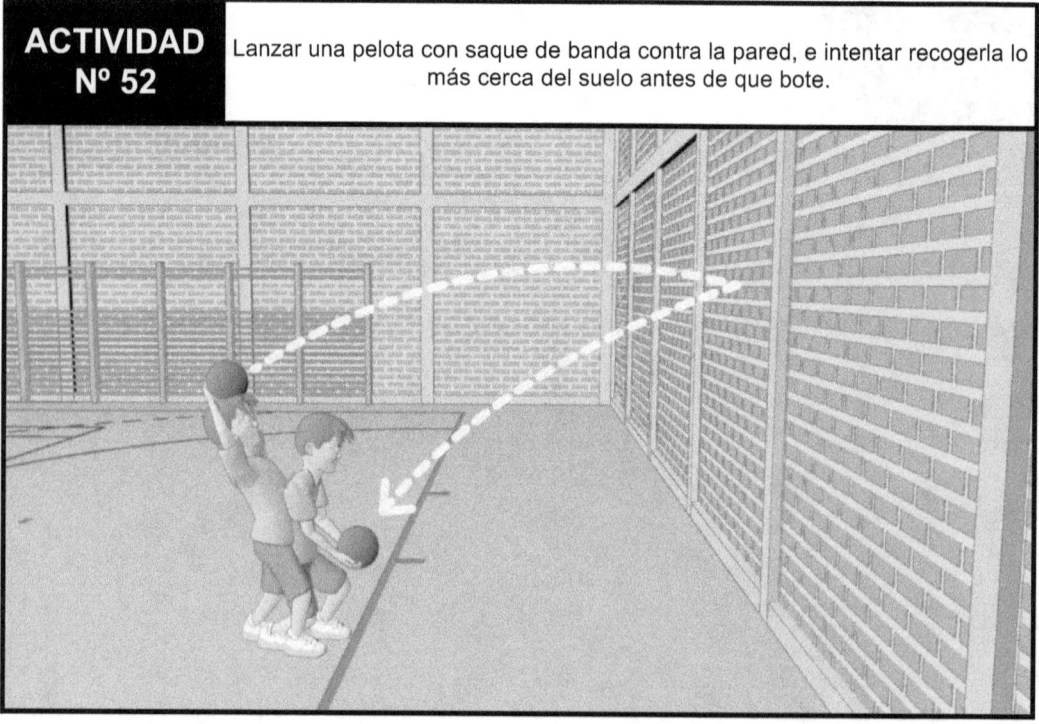

| ACTIVIDAD N° 53 | Realizar un lanzamiento por debajo de la cintura contra la pared e intentar atrapar la pelota lo más alto posible. |

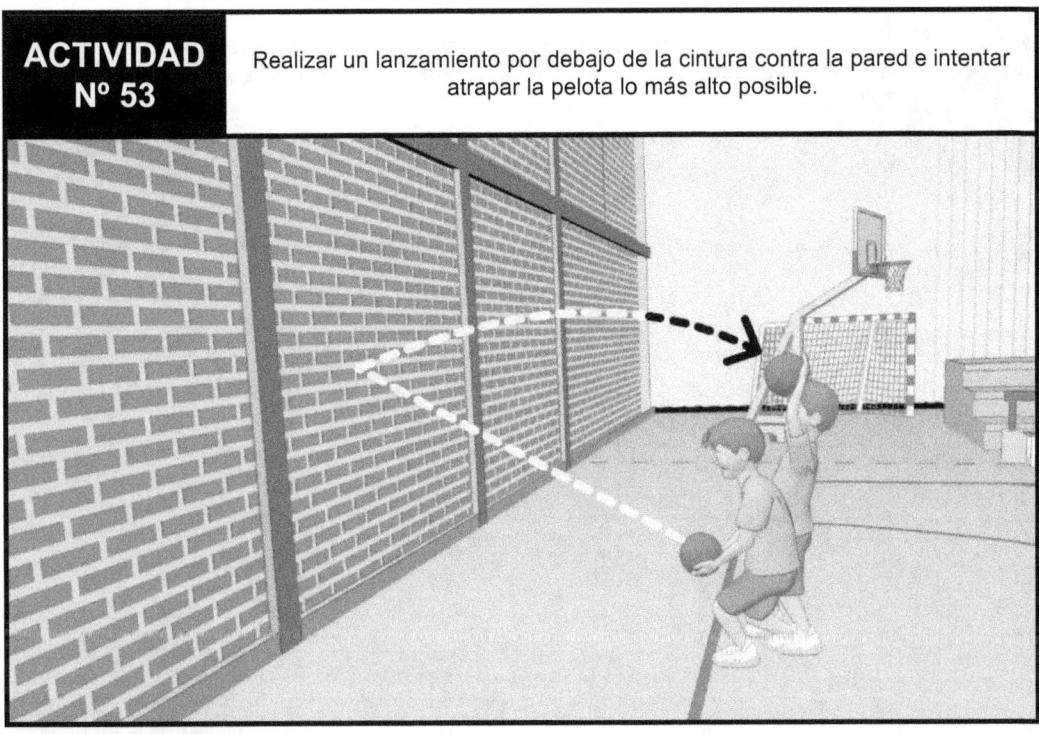

| ACTIVIDAD N° 54 | Por parejas, con una pelota ir desplazándonos por el espacio de trabajo, realizar pases lo más variados posibles. |

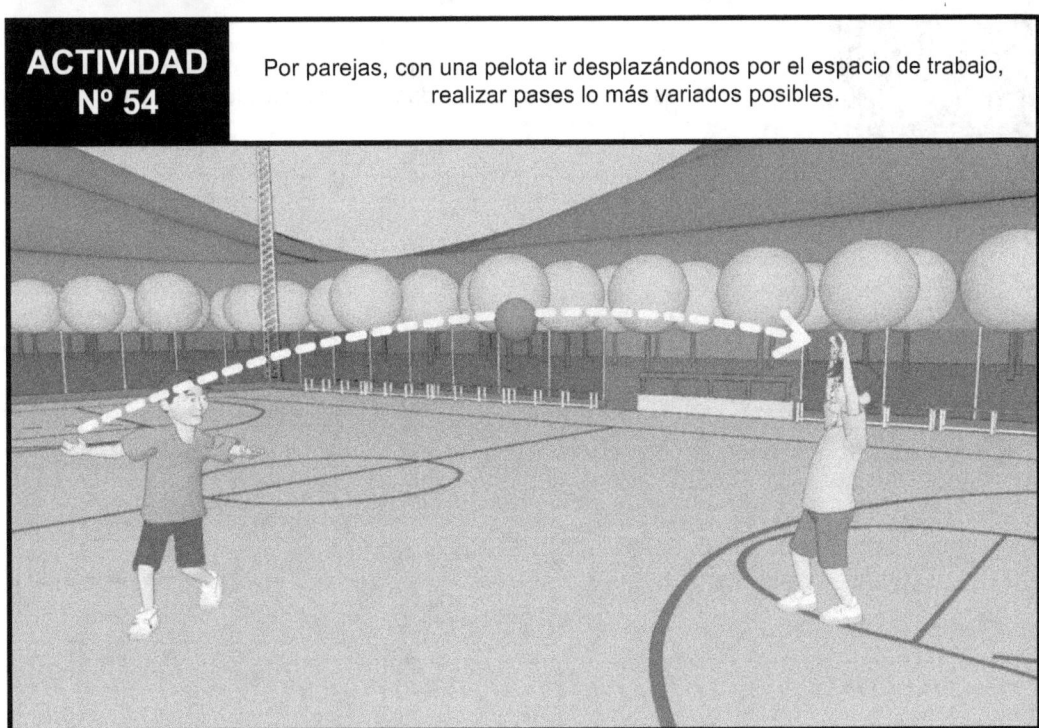

| **ACTIVIDAD Nº 55** | Individualmente con un balón, o haciendo carreras de relevos, desplazarse atrapando un balón entre los brazos, un brazo y la cabeza, la mano y el pecho… |

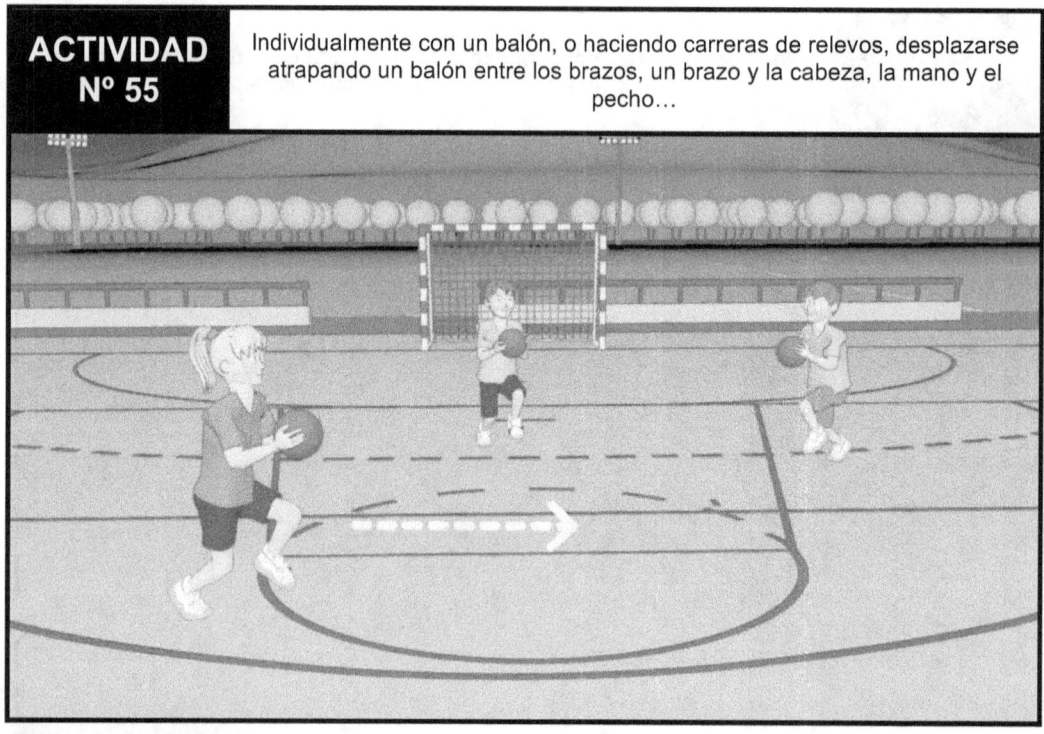

| **ACTIVIDAD Nº 56** | Individualmente con un balón o haciendo carreras de relevo llevar el balón entre las rodillas o los tobillos dando saltos sin caerlo al suelo. |

| ACTIVIDAD Nº 57 | Individualmente con un balón o haciendo carrera de relevo, trasportarlo a gatas sobre nuestras espaldas sin que caiga al suelo. |

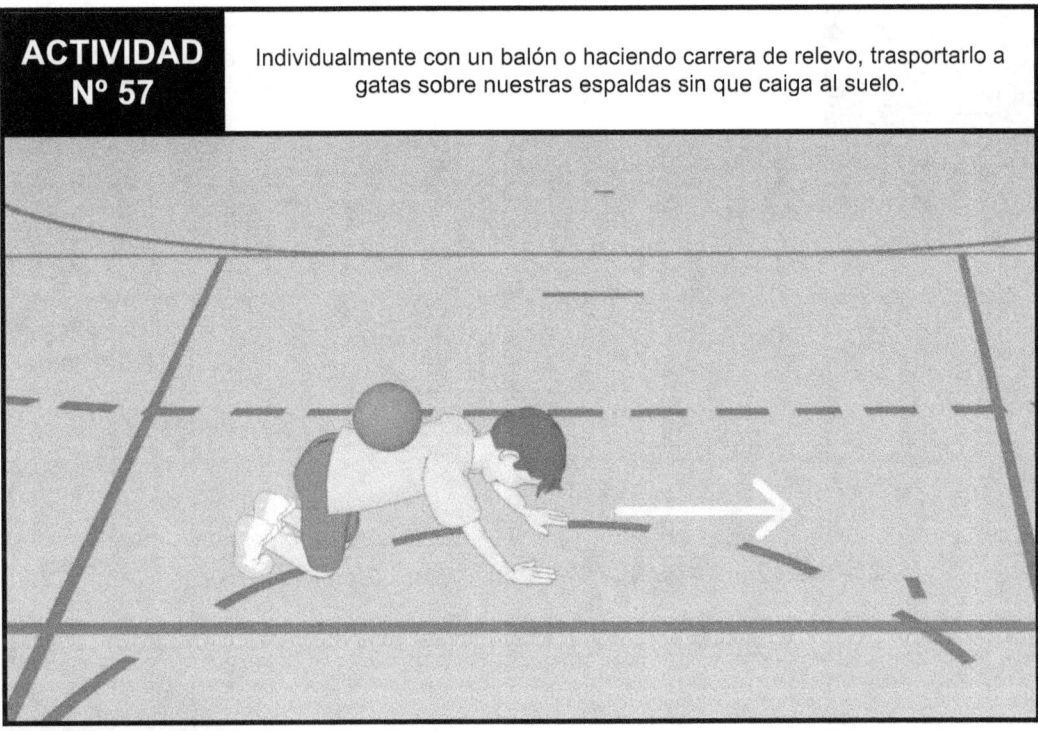

| ACTIVIDAD Nº 58 | Situados en parejas, cada una con un balón, mantenerlo en el aire golpeándolo con diferentes partes del cuerpo. |

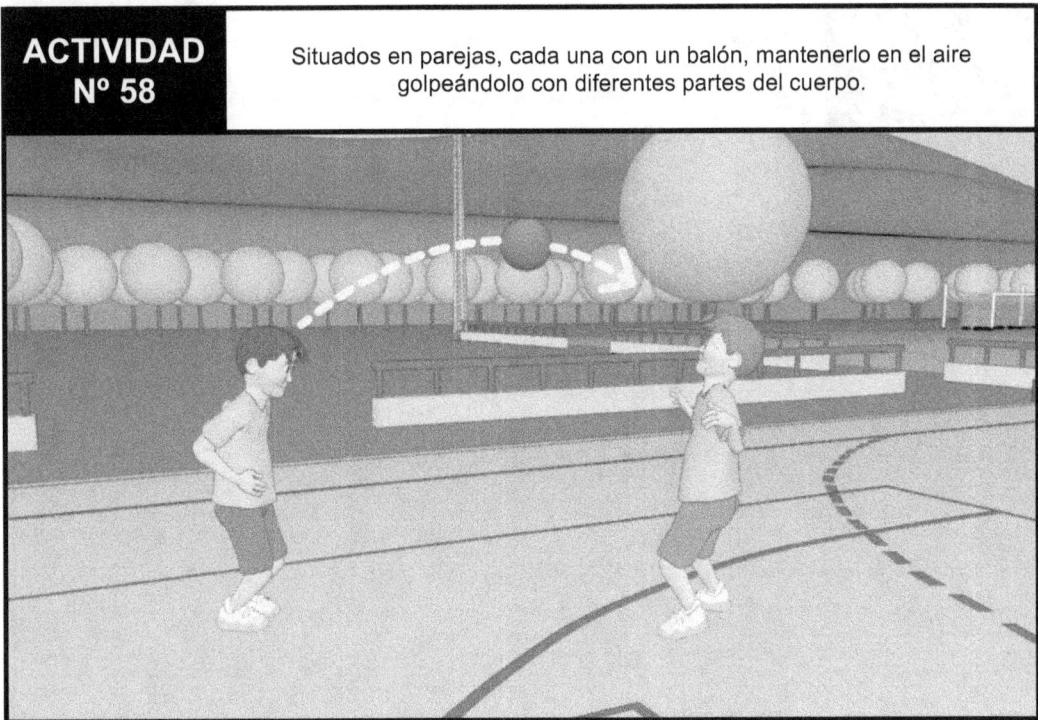

| ACTIVIDAD Nº 59 | Trasportar un balón entre dos compañeros sin que caiga al suelo siguiendo las instrucciones del profesor (espalda contra espalda, frente contra frente...). |

| ACTIVIDAD Nº 60 | Por parejas o en gran grupo cada alumno con un balón sobre el abdomen haciendo el cangrejo, desplazarse hacia donde nos diga el compañero o profesor sin que el balón se nos caiga. |

ACTIVIDAD Nº 61

Por parejas con dos globos, mantenerlos en el aire golpeando uno siempre con la cabeza y el otro con el pie.

ACTIVIDAD Nº 62

Situados por parejas, con un globo, golpearlo siempre con la parte del cuerpo que nos dice nuestro compañero.

| ACTIVIDAD Nº 63 | Situados en parejas, o haciendo carrera de relevo trasportar un globo si explotarlo y sin que caiga al suelo atrapándolo con la parte del cuerpo que indique el profesor |

| ACTIVIDAD Nº 64 | Mantener en el aire el mayor número de globos golpeándolos con diferentes partes del cuerpo. |

ACTIVIDAD Nº 65 Por pareja con un aro hacerlo rodar hasta nuestro compañero utilizando la parte del cuerpo acordada (mano, codo…).

ACTIVIDAD Nº 66 Por parejas, con dos aros, un alumno los lanza a la vez, uno con cada mano, y el compañero los recoge con diferentes partes del cuerpo.

| ACTIVIDAD Nº 67 | Individualmente o en grupos, ¿Quién consigue bailar dos aros a la vez con la parte del cuerpo acordada y durante el mayor tiempo posible? |

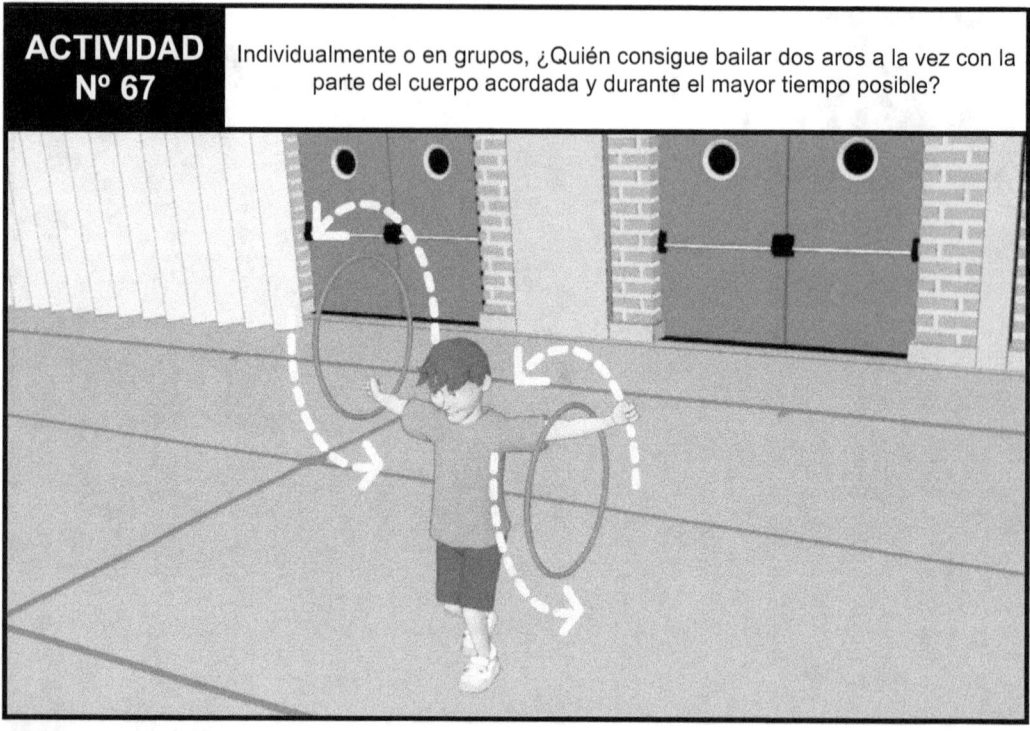

| ACTIVIDAD Nº 68 | Individualmente con un aro, trasportarlo sobre la espalda mientras nos desplazamos gateando, reptando… |

ACTIVIDAD Nº 69

Por parejas, con un aro, un compañero realiza siempre el mismo movimiento con las manos como si fuese un robot, y el otro le lanza un aro intentando hacer diana.

ACTIVIDAD Nº 70

Individualmente arrodillados en el suelo con un aro, hacerlo rodar hacia un lado lo más lejos posible sin perder el equilibrio. Después hacerlo hacia el lado contrario.

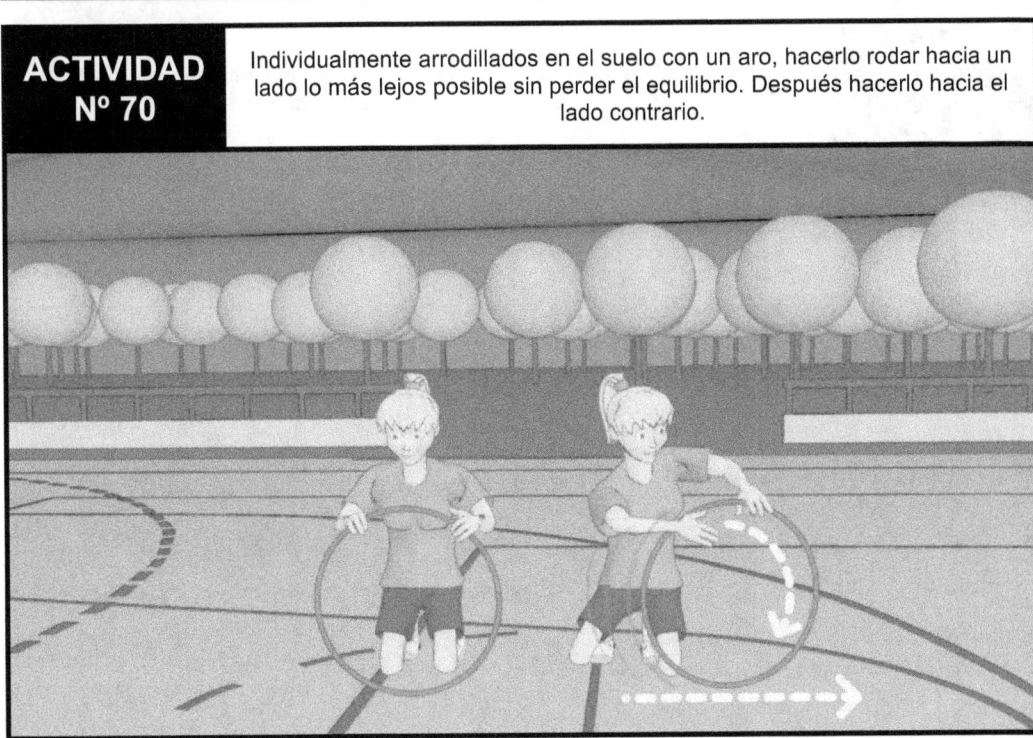

ACTIVIDAD Nº 71

Individualmente con un aro, hacerlo rodar hacia delante a diferentes velocidades y correr atraparlo antes que caiga al suelo.

ACTIVIDAD Nº 72

Igual que el ejercicio anterior, pero ahora nos adelantamos al aro y lo hacemos rodar en el sentido contrario.

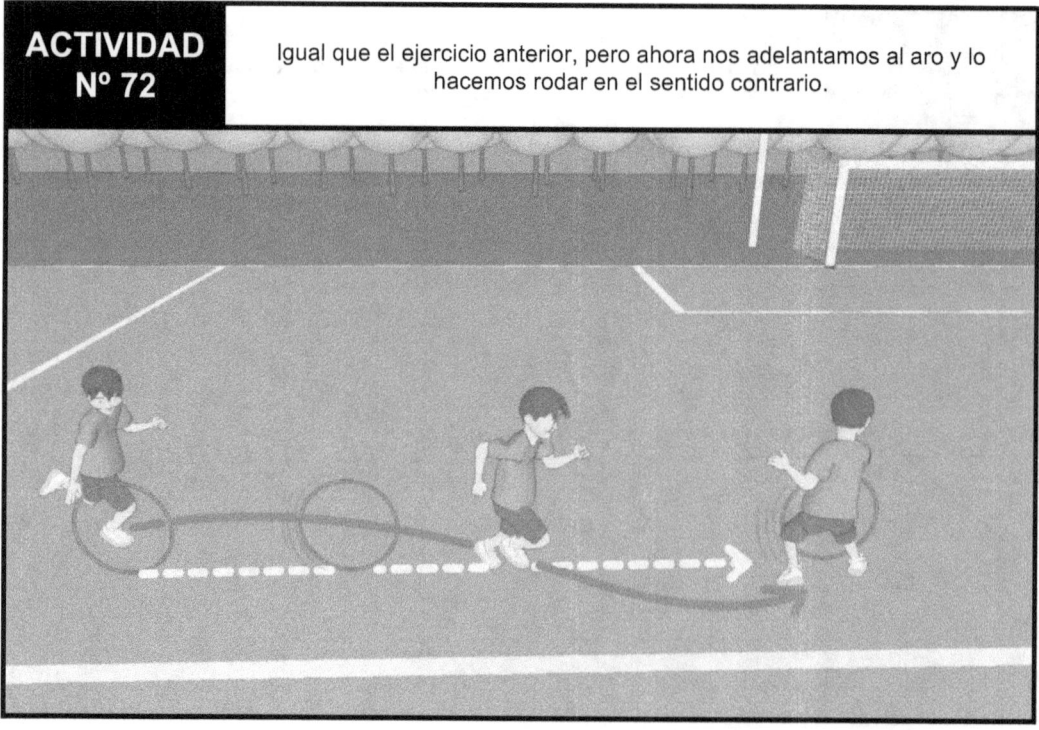

ACTIVIDAD Nº 73

Individualmente con un aro sentados en el suelo y atrapándolo con las dos manos como muestra la ilustración, subirlo y bajarlo hasta la cintura sin soltar las manos.

ACTIVIDAD Nº 74

Individualmente con un aro, sentado en el suelo con las piernas abiertas, girar el tronco hacia un lado hasta el límite manteniendo el aro siempre a la misma altura. Practicar el ejercicio hacia ambos lados.

| ACTIVIDAD N° 75 | Individualmente con una pica, mantenerla apoyada en el suelo de forma vertical mientras realizamos diferentes movimientos: flexionar las piernas, inclinar el tronco, colocarse a pata coja y bajar… |

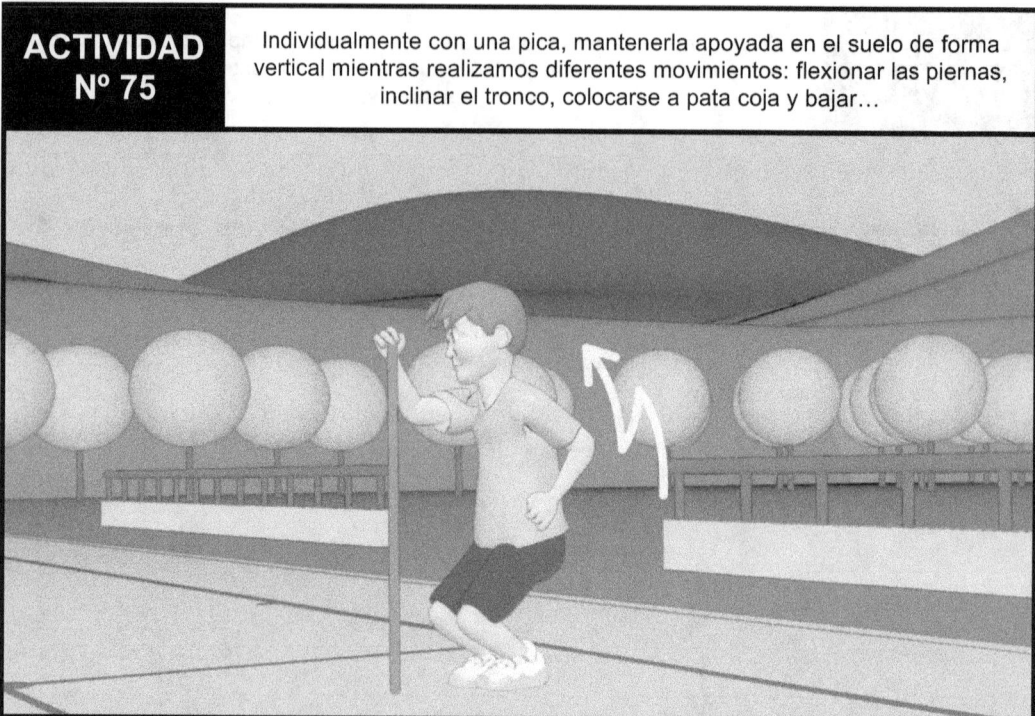

| ACTIVIDAD N° 76 | Individualmente, con una pica apoyada en el suelo de forma vertical, quitar una mano y colocar rápidamente la otra para que la pica no caiga al suelo. |

ACTIVIDAD Nº 77

Individualmente, apoyando la mano sobre una pica que mantenemos vertical en el suelo, correr a su alrededor haciendo círculos. Practicar el ejercicio con cada mano y en ambas direcciones.

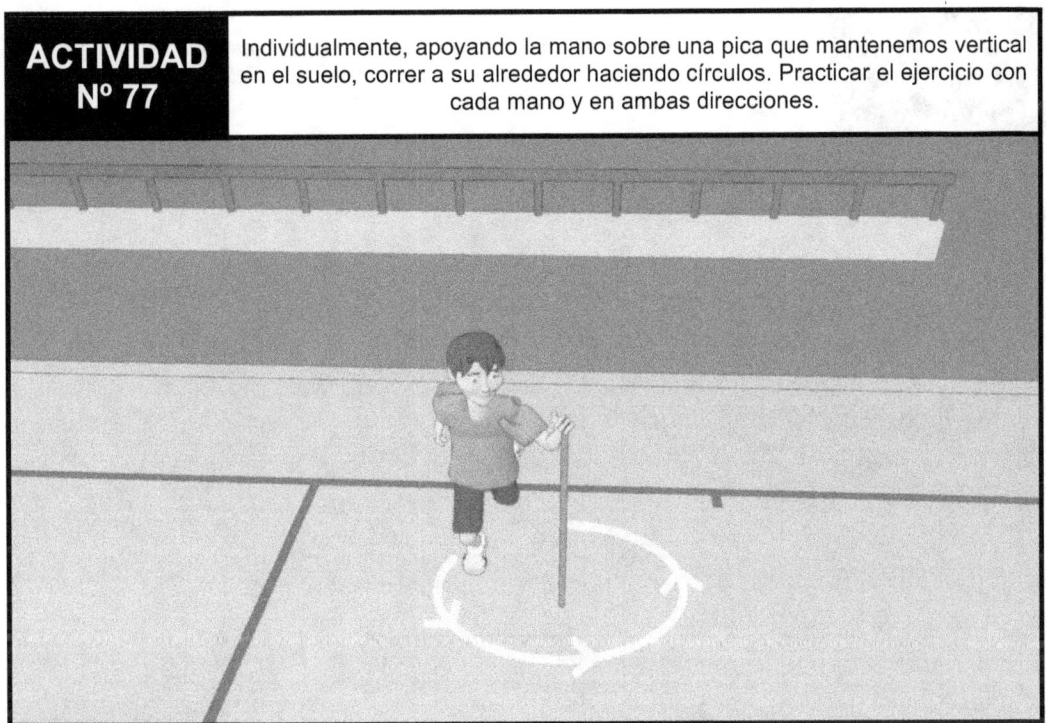

ACTIVIDAD Nº 78

Igual que el ejercicio anterior, pero ahora soltamos la mano e intentamos girar lo máximo posible para atrapar la pica antes que caiga al suelo. ¿Quién consigue girar más y atrapar la pica?

ACTIVIDAD Nº 79

Individualmente con una cuerda, correr por todo el espacio de trabajo haciendo círculos perpendiculares al suelo y en la dirección del desplazamiento. Realizar el ejercicio con cada una de las manos.

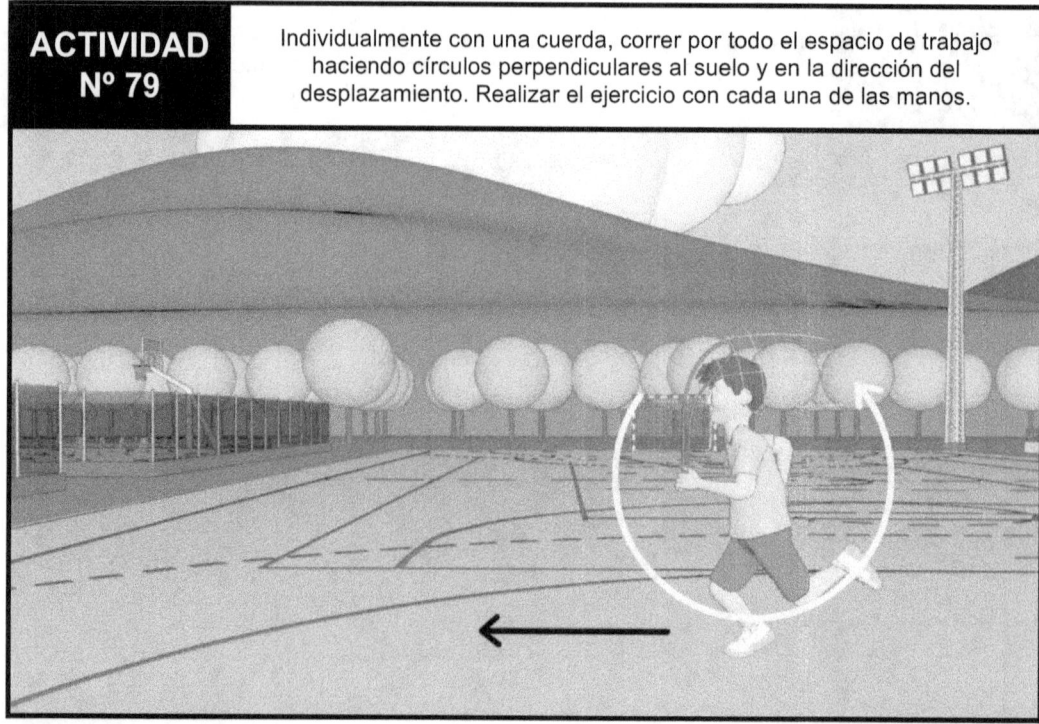

ACTIVIDAD Nº 80

Igual que el ejercicio anterior, pero ahora intentamos hacer los círculos perpendiculares al suelo que van de un lado a otro del cuerpo. Practicar el ejercicio con cada una de las manos.

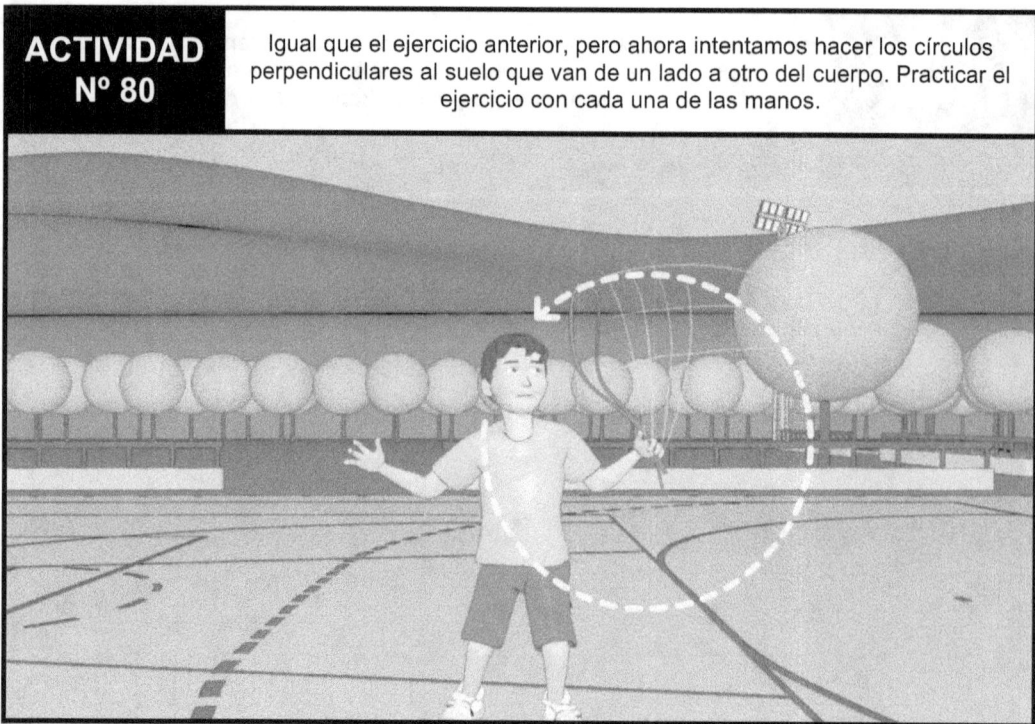

ACTIVIDAD Nº 81

Igual que los ejercicios anteriores, pero ahora intentamos hacer los círculos paralelos al duelo como muestra la ilustración.

ACTIVIDAD Nº 82

En tríos o en grupo, saltar a la comba dando el mayor número de saltos seguidos (a pies juntos, a pata coja, pies alternativos…).

ACTIVIDAD Nº 83: Por parejas o en grupo, el primero hace girar una cuerda haciendo un círculo cerca del suelo y el resto la salta para no quedar eliminados.

ACTIVIDAD Nº 84: Individualmente o haciendo carreras de relevos, llevar un vado de plástico sobre la parte del cuerpo acordada sin que caiga al suelo.

ACTIVIDAD Nº 85

Individualmente, con un vaso de plástico u otro recipiente poco pesado mantenerlo en el aire golpeándolo con diferentes partes del cuerpo. ¿Quién da más golpes?

ACTIVIDAD Nº 86

Igual que el ejercicio anterior, pero ahora lo realizamos por parejas.

ACTIVIDAD Nº 87 — Situados por parejas, el primero coloca sus brazos a modo de canasta y su compañero trata de encestar el vaso de plástico.

ACTIVIDAD Nº 88 — Realizar carreras de relevos utilizando el vaso como si fuese el testigo de atletismo. Variante: Llevar el vaso en una zona determinada del cuerpo sin que caiga al suelo.

| ACTIVIDAD N° 89 | Individualmente con una hoja de papel desplazarse hacia la zona indicada por el profesor sin que se caiga al suelo y sin atraparlo con las manos. |

| ACTIVIDAD N° 90 | Individualmente con una pelota de papel, mantenerla en el aire golpeándola con cualquier parte del cuerpo. |

| **ACTIVIDAD Nº 91** | Igual que el ejercicio anterior, pero ahora lo realizamos por parejas. |

| **ACTIVIDAD Nº 92** | Por parejas, el primero con dos bolas de papel, las lanza de forma consecutiva a su compañero y éste las atrapa sin dejarlas caer al suelo. |

ACTIVIDAD Nº 93

Hacer una voltereta hacia delante sobre una colchoneta adoptando diferentes posiciones al terminar el ejercicio: acostado, en cuclillas, de pie, sentado...

ACTIVIDAD Nº 94

Acostado sobre una colchoneta, piernas flexionadas y con las plantas de los pies en ella y los brazos extendidos a los lados, subir y bajar la cintura cada vez que lo indique el profesor.

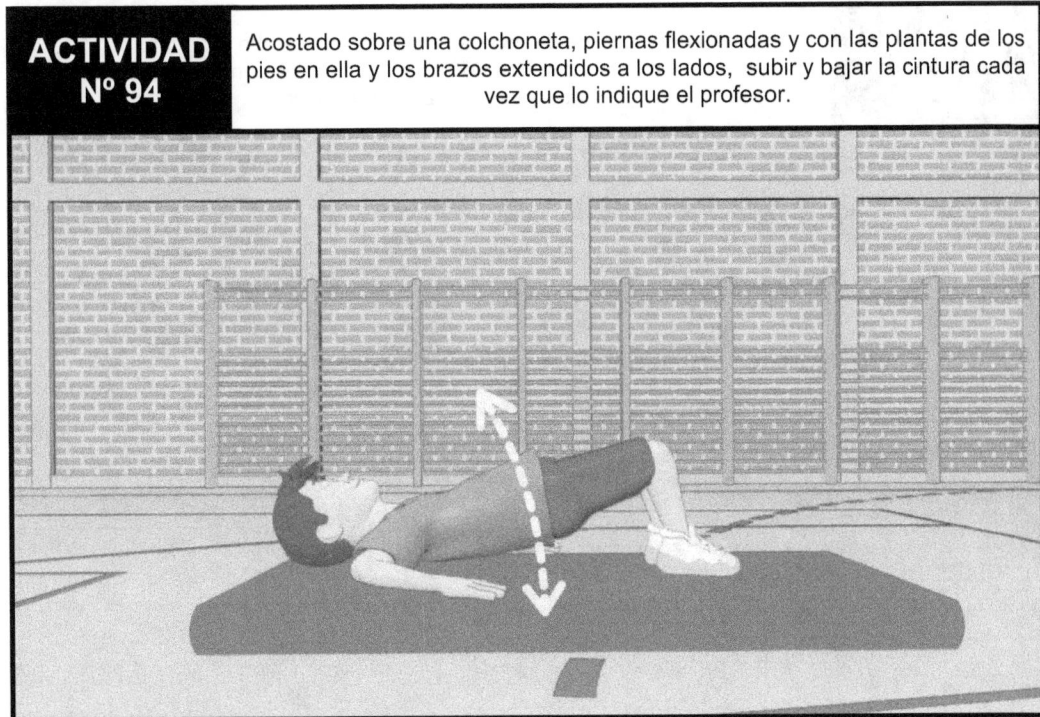

| ACTIVIDAD Nº 95 | Hacer una voltereta hacia atrás quedándonos en la posición indicada por el profesor: con las piernas hacia arriba, agrupados, finalizar el ejercicio arrodillados... |

| ACTIVIDAD Nº 96 | Situados sobre la espalda, con las piernas hacia arriba y las manos en la cintura para mantener la posición, realizar círculos con los pies como si estuviésemos en una bicicleta. |

ACTIVIDAD Nº 97

Acostados en el suelo o sobre una colchoneta y agarrados al barrote más bajo de la espaldera, intentar tocar este con los dos pies, un pie, las rodillas...

ACTIVIDAD Nº 98

Subidos a una espaldera ir bajando poco a poco las manos intentando quedar sujetos en el barrote más bajos con pies y manos sin caer al suelo.

ACTIVIDAD Nº 99

Agarrados de una espaldera a una altura media, arquear el cuerpo e intentar alejarlo de ésta sin soltar manos ni mover los pies.

ACTIVIDAD Nº 100

Agarrados a la espaldera y con los pies fijos en el suelo, impulsarnos hacia delante para quedarnos de pie. Comenzar el ejercicio desde barrotes cada vez más bajos.

100 Ejercicios Y Juegos de Percepción Espacial y Temporal para niños de 10 a 12 años

Introducción

La percepción del propio cuerpo así como la percepción del entorno que nos rodea resulta esencial para poder alcanzar el éxito en nuestras respuestas motóricas. Estos dos aspectos forman parte de lo que denominamos capacidades perceptivo-motrices, es decir, la capacidad de coordinar la información proveniente de los sentidos con el propio movimiento.

Responder a un estímulo supone mucho más que la propia ejecución de un movimiento, depende además de múltiples factores como son el momento de desarrollo de la propia imagen corporal del alumno y la percepción que este haga de su propio cuerpo, la percepción espacial, la percepción temporal, y la percepción espacio-temporal.

En este título les ofrecemos un variado repertorio de juegos para trabajar específicamente la percepción espacial y temporal con sus alumnos de 10 a 12 años de edad.

Concepto

La percepción que tienen nuestros alumnos de su propio cuerpo comienza a estructurarse en los primeros años de vida, quedando prácticamente definida entre los 8 - 12 años, siempre que se haya estimulado de forma correcta su desarrollo. Esta imagen que se debe hacer sobre sí mismo, también llamada esquema corporal, debe facilitarle el conocimiento automático de su estado postural, ya sea de forma estática o dinámica, así como la relación que pueda establecerse entre sus segmentos corporales o entre estos y el entorno en el que actúa. De este modo, las tres áreas sobre las que actúa directamente la percepción corporal serían:

- Conocimiento del propio cuerpo: en cuanto a estructuración física en la que se comienza aprendiendo cuáles son las partes más grandes del cuerpo y más tarde se disocian los segmentos (respondería a ¿qué segmentos es...?).

- Funcionamiento de las partes del cuerpo: como medio para posibilitar nuevas experiencias de interactuar con el entorno, comprendiendo los límites personales y la utilidad de cada una de las partes en la actividad que se desarrollo. Del mismo modo se vería en esta área la relación existente entre los diferentes segmentos corporales y el resultado que produce dicha interactividad (respondería a ¿para qué sirve el segmento...?).

- Experiencia del propio cuerpo cuando se relaciona con el medio: con el objetivo de ampliar el número de respuestas aprendidas ante estímulos parecidos (respondería a ¿si quiero golpear en un partido de fútbol utilizaría el segmento...?).

Veamos ahora otros conceptos que están íntimamente relacionados entre sí y con el conocimiento del propio cuerpo, la percepción espacial y la percepción temporal.

Cuando hablamos de percepción espacial, hacemos referencia a la capacidad del alumno para diferenciarse como entidad propia del mundo que le rodea (de otros objetos, de otros individuos...), lo que le lleva, además, a establecer una relación de distancia (proximidad – lejanía) entre él y otro sujeto u objeto, o entre sujetos y objetos entre sí.

La percepción temporal está muy ligada al concepto anterior, ya que, el alumno, lo que tiene en cuenta es una secuencia de percepciones espaciales y el tiempo que transcurre entre cada una de ellas.

Finalmente haremos referencia a un concepto que incluye a los tres que hemos visto con anterioridad, la percepción espacio temporal. En esta, el alumno hace uso de su imagen corporal para interactuar con el medio, teniendo en cuenta el espacio y el tiempo (y los posibles elementos que aparecen) para resolver la tarea que le ocupa.

Otros factores influyentes

Además del propio conocimiento del cuerpo y de las percepciones espacio temporales, existen otros elementos que se deben trabajar desde una globalidad, sobre todo en edades tan tempranas como la que nos ocupa. Estos son:

- Lateralidad: una de las peculiaridades del ser humano es que está "construido" mediante pares de elementos situados en el cuerpo de manera simétrica (dos brazos, dos piernas, dos ojos...), aunque siempre se utiliza una de las partes con mayor eficacia que la otra. A esta preferencia por el lado del cuerpo utilizado para ejecutar una tarea es a lo que llamamos lateralidad, y es la responsable de que golpeemos mejor con una pierna que con otra, utilicemos una raqueta con una u otra mano, saltemos con el apoyo de un determinado pie... La lateralidad depende en gran medida de la predominancia de uno de los hemisferios cerebrales sobre el otro (el izquierdo en los diestros, y el derecho en los zurdos). A modo anecdótico diremos que hay tres tipos de lateralidad: homogénea o integral (cuando un lado del cuerpo predomina absolutamente sobre el otro), heterogénea o no integral (cuando la predominancia no es total: cruzada, invertida...), y ambidiestro (no predomina ningún lado, utiliza con igual eficacia ambos lados, o utiliza un lado para unas tareas y el otro para otras diferentes).

- Tono postural: hace referencia a la cantidad de tensión o contracción muscular que posibilita las diferentes actividades corporales. Por regla general se trata de un estado permanentemente activo e inconsciente, por lo que su buen funcionamiento incidirá en el ahorro energético.

- Respiración: la toma de conciencia y el control de la respiración ayudan en el conocimiento del propio cuerpo (así como a la hora de aportar oxígeno y eliminar dióxido de carbono en la actividad física).

- Relajación: en cuanto que permite al alumno diferenciar los grados de tensión e incluso la ausencia de esta.

Consideraciones para la enseñanza

Resulta complicado plantear un trabajo específico para cada uno de los contenidos que hemos visto de forma resumida en las páginas anteriores, ya que existe una relación muy estrecha entre ellos. Aún así podemos hallar una correspondencia entre los tres grandes rasgos que darían como resultado diferentes tipos de tareas:

- **TEMPORALIDAD + ESPACIALIDAD**: trabajo de organización espacio-temporal.
- **TEMPORALIDAD + CORPORALIDAD**: trabajo de ritmo.
- **CORPORALIDAD + ESPACIALIDAD**: trabajo de lateralidad.

Atendiendo a la edad de los alumnos, el docente también debe tener en cuenta en su planificación las siguientes características:

- Las tareas de aprendizaje estarán basadas en la globalidad y en el juego, de modo que sea el alumno el protagonista de su aprendizaje y no el de uno forzado.

- Entre los 8 - 12 años el alumno ya posee una imagen definitiva de su esquema corporal, es decir, ya conoce las partes de su cuerpo y las considera como un agente más de los que puede incidir en el entorno.

- A partir de los 8 años el alumno ya tiene conciencia de los conceptos izquierda y derecha, por lo que el trabajo puede enfocarse más hacia la posición de él mismo respecto a objetos u otras personas en vez de hacia sus segmentos corporales.

- Los 8 - 12 años es un momento idóneo para comenzar el trabajo de ritmo de forma progresiva (palmadas, movimiento del cuerpo, coreografías...).

400 JUEGOS Y EJERCICIOS DE EDUCACIÓN FÍSICA DE BASE: PARA NIÑOS DE 10 A 12 AÑOS

PERCEPCIÓN DE UNO MISMO

PERCEPCIÓN DEL ENTORNO

ORGANIZACIÓN ESPACIO TEMPORAL

TEMPORALIDAD

ESPACIALIDAD

RITMO

principalmente a través de

Esquema Corporal

LATERALIDAD

CORPORALIDAD

OÍDO

VISTA

Lateralidad

Respiración - Relajación

Tono postural

| ACTIVIDAD Nº 1 | Desplazarse por el espacio de trabajo caminando sobre la parte interna y externa de los pies. |

| ACTIVIDAD Nº 2 | Igual que el ejercicio anterior, pero ahora caminamos sobre los talones. |

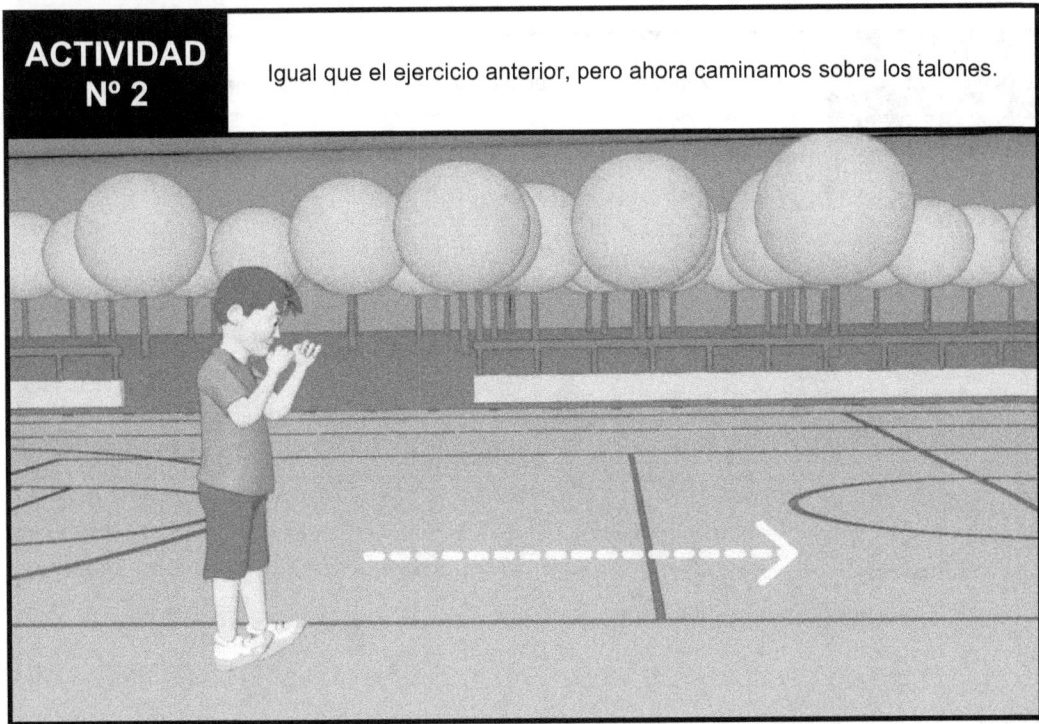

ACTIVIDAD Nº 3 — Igual que el ejercicio anterior, pero ahora caminamos sobre las punteras.

ACTIVIDAD Nº 4 — Desplazarse por el espacio de trabajo intentando hacer el menor ruido posible.

| ACTIVIDAD Nº 5 | Desplazarse por el espacio de trabajo estirándose lo máximo posible. |

| ACTIVIDAD Nº 6 | Desplazarse por el espacio de trabajo caminando de puntillas en diferentes direcciones (hacia atrás, a los lados…). |

ACTIVIDAD Nº 7 — Desplazarse por un espacio repleto de aros saltando y saliendo de ellos como indique el profesor (a pies juntos, a pata coja...)

ACTIVIDAD Nº 8 — Jugar a "tú la llevas" sin pisar los aros que hay distribuidos por todo el terreno de juego.

ACTIVIDAD Nº 9

Colocando filas de aros o bien distribuidos por todo el espacio de forma aleatoria, saltar sobre un aro y pisar dentro con el pie contrario (ejemplo: saltamos con la derecha y pisamos con la izquierda). Después al revés.

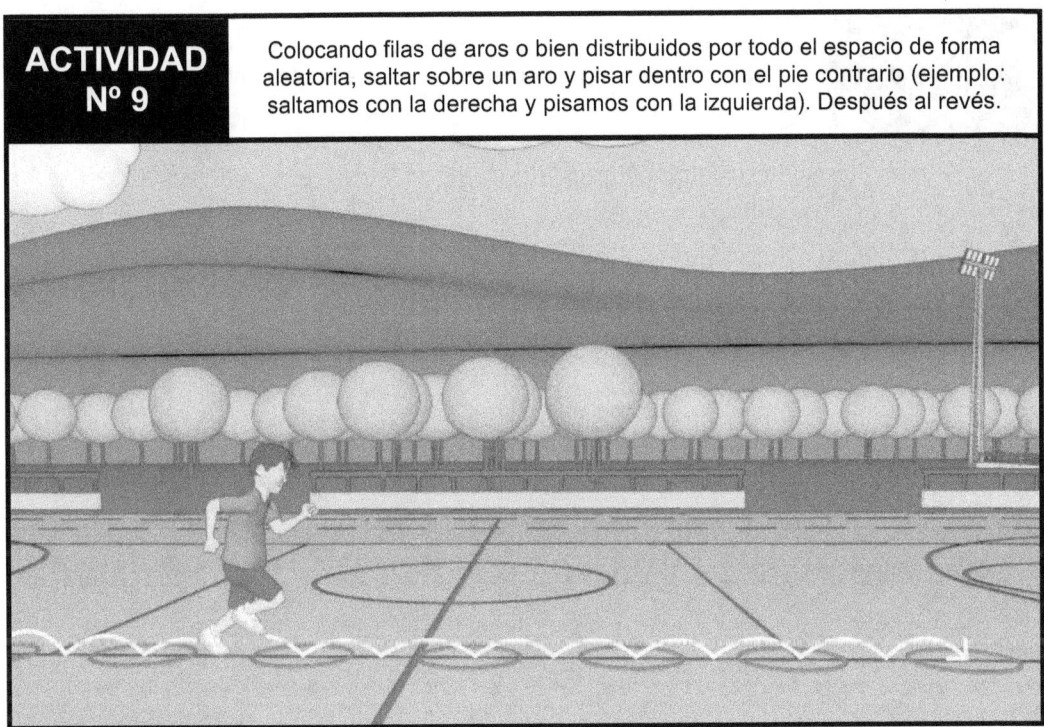

ACTIVIDAD Nº 10

Igual que el ejercicio anterior, pero ahora el profesor indica si el salto o el apoyo dentro del aro se realizan con uno o dos pies.

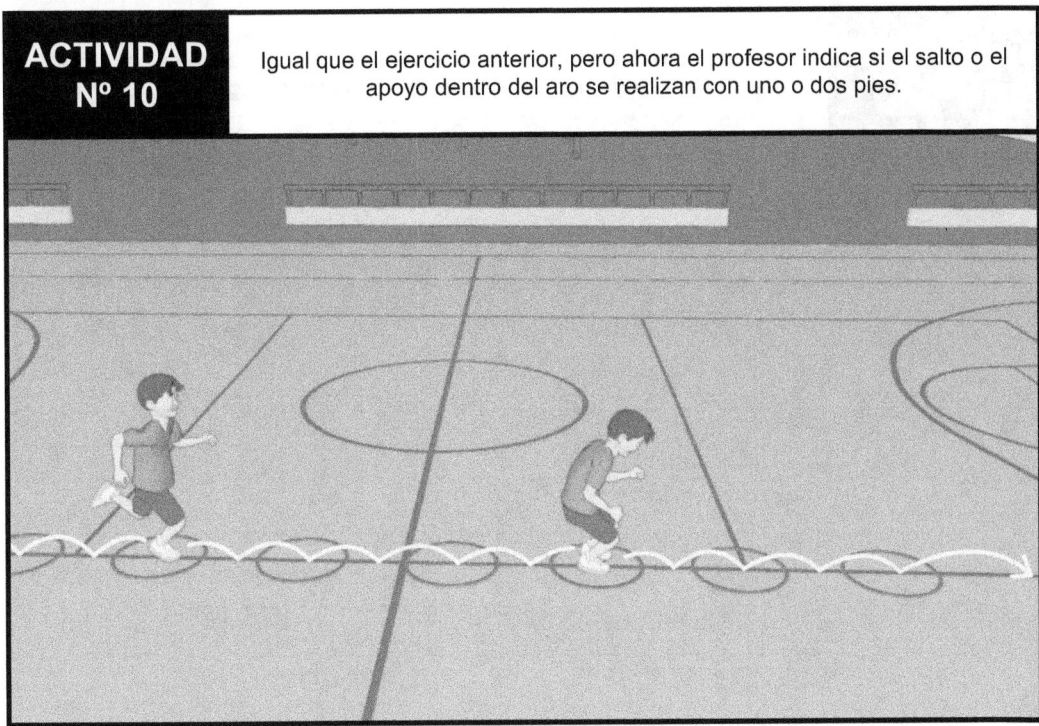

ACTIVIDAD Nº 11

Desplazarse por una fila de aros colocando un pie en cada uno de ellos y, en los dos últimos, pisar con las piernas abiertas frenando sin perder el equilibrio.

ACTIVIDAD Nº 12

Igual que el ejercicio anterior, pero ahora, antes de parar con ambos pies, recorremos una fila de aros situados en zig-zag.

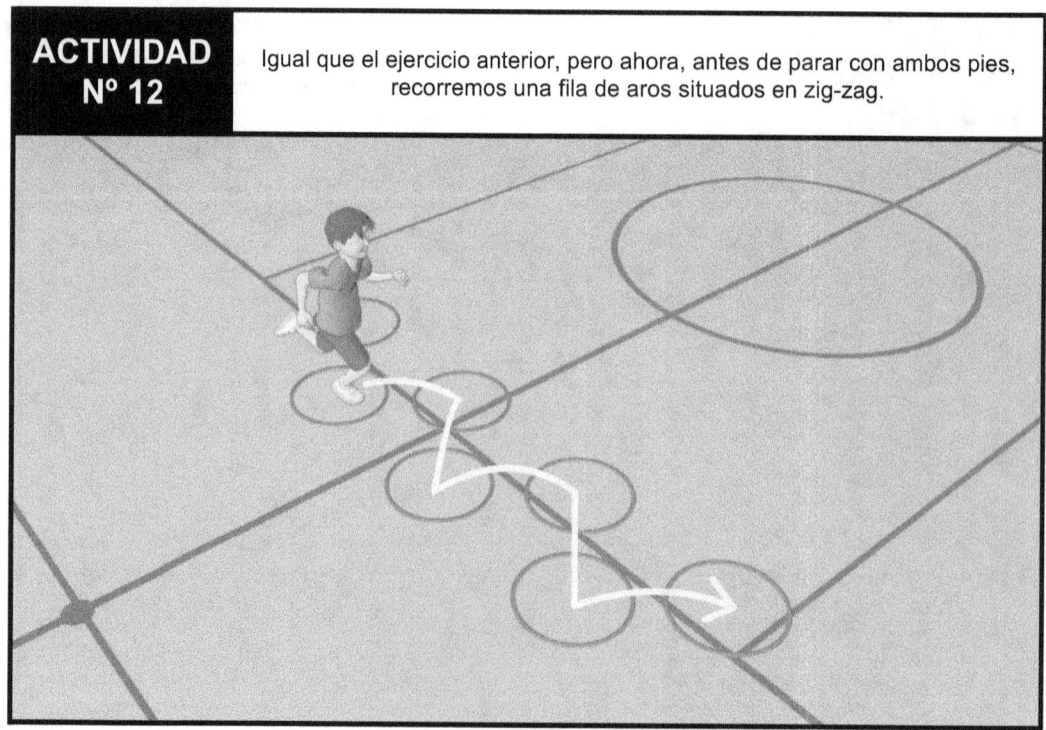

| ACTIVIDAD Nº 13 | Individualmente con un aro, lanzarlo a diferentes alturas y atraparlo antes que caiga al suelo sin mover los pies. |

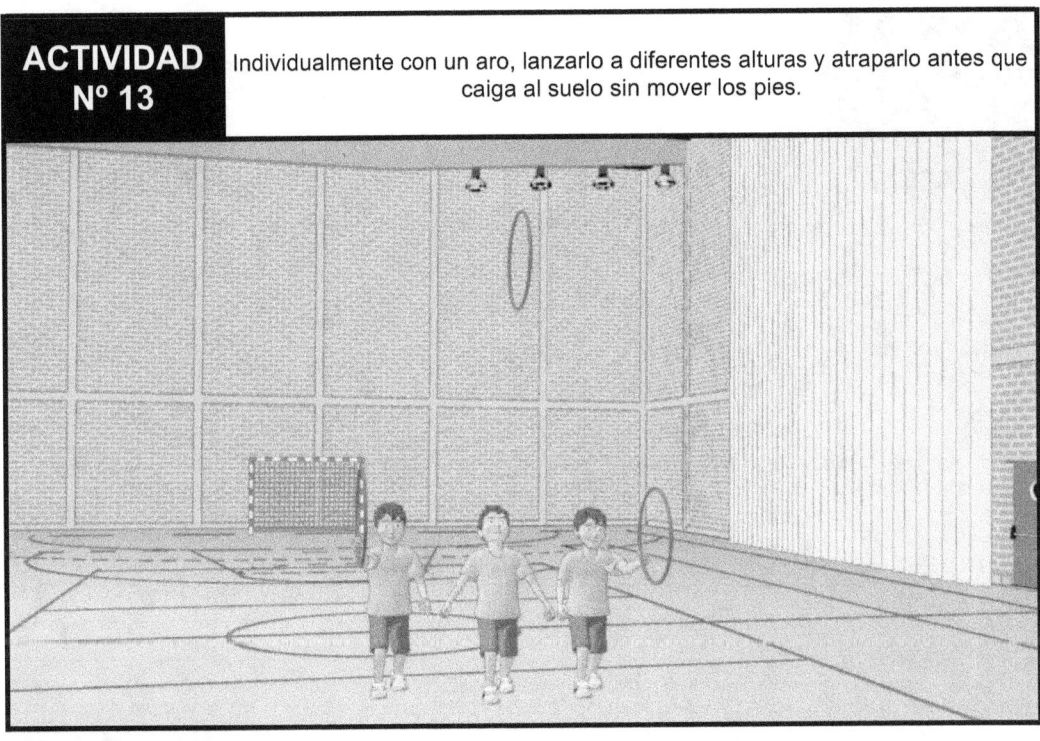

| ACTIVIDAD Nº 14 | Desplazarse por el espacio de trabajo rodando un aro con la mano sin que se nos caiga. |

ACTIVIDAD Nº 15

Desplazarse por el espacio de trabajo lanzando un aro hacia delante a diferentes velocidades y corriendo a recogerlo antes que caiga al suelo.

ACTIVIDAD Nº 16

Situados en grupo, un alumno dándole la espalda a sus compañeros, intenta adivinar quién ha hecho un ruido.

| ACTIVIDAD Nº 17 | Por parejas, un compañero dando la espalda al otro, intenta adivinar en qué dirección se mueve su pareja. |

| ACTIVIDAD Nº 18 | Tras colocar un recorrido con diferentes objetos, un alumno se inventa un recorrido y sus compañeros tienen que repetirlo sin equivocarse. A medida que lo vamos consiguiendo se aumenta la dificultad del recorrido. |

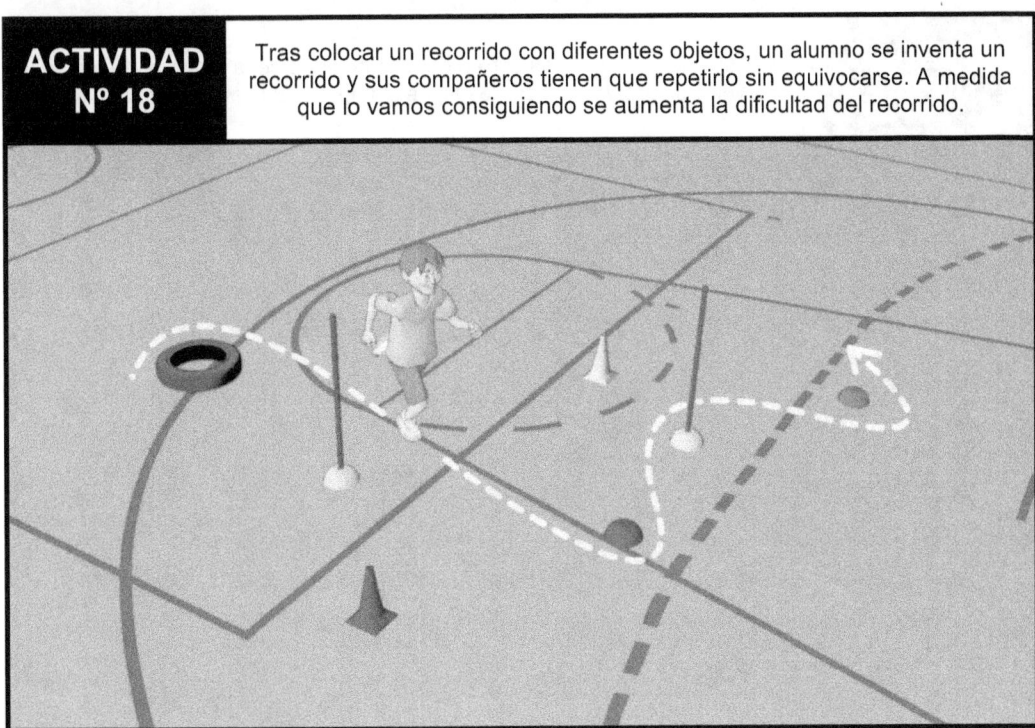

ACTIVIDAD Nº 19: Por parejas o en filas, el alumno que se desplaza por el recorrido lo hace siguiendo el camino que la descrito su compañero.

ACTIVIDAD Nº 20: Por tríos, los dos primeros corren delante cogidos de la mano a diferentes velocidades y el tercero les sigue siempre a la misma distancia.

ACTIVIDAD Nº 21

En grupos, desplazarse por espacio repleto de obstáculos manteniendo todos la misma separación y la misma velocidad, Cada uno sorteará el obstáculo que se encuentre en su camino sin perder el ritmo.

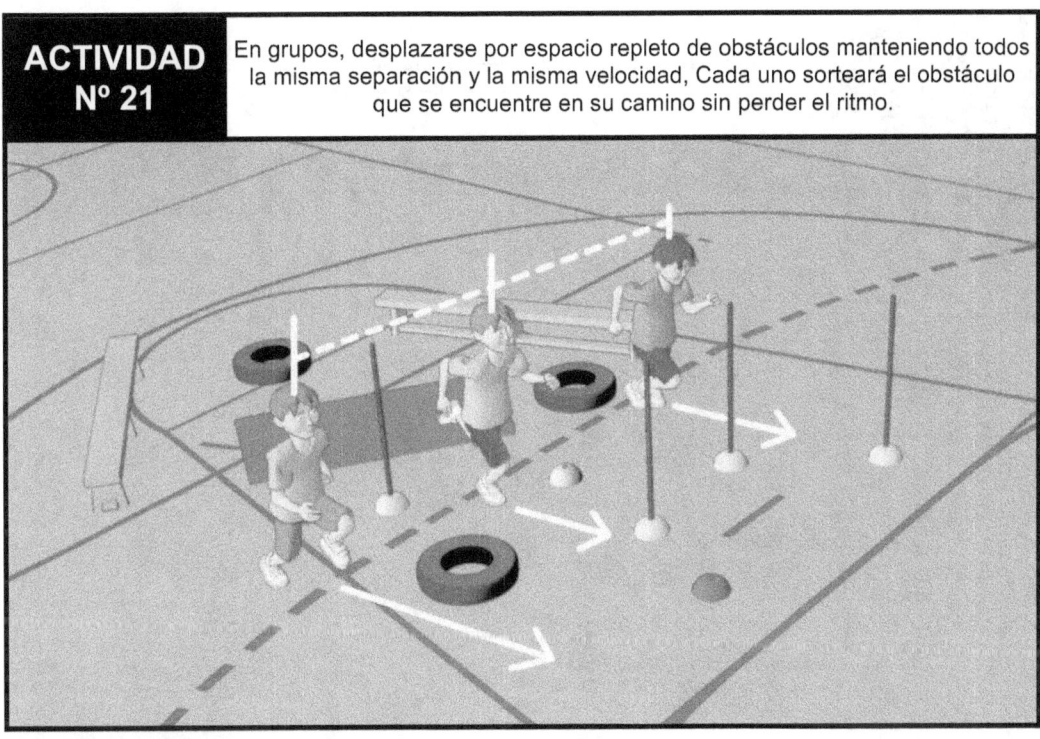

ACTIVIDAD Nº 22

Por parejas, situados ante un terreno lleno de obstáculos, el primero guía a su compañero que va con los ojos vendados para que llegue al lado contrario sin chocarse.

| ACTIVIDAD Nº 23 | Igual que el ejercicio anterior, pero ahora sólo vale guiar a nuestro compañero mediante sonidos. |

| ACTIVIDAD Nº 24 | Recorrer un espacio repleto de obstáculos haciendo zig-zag sólo entre los que indica el profesor. |

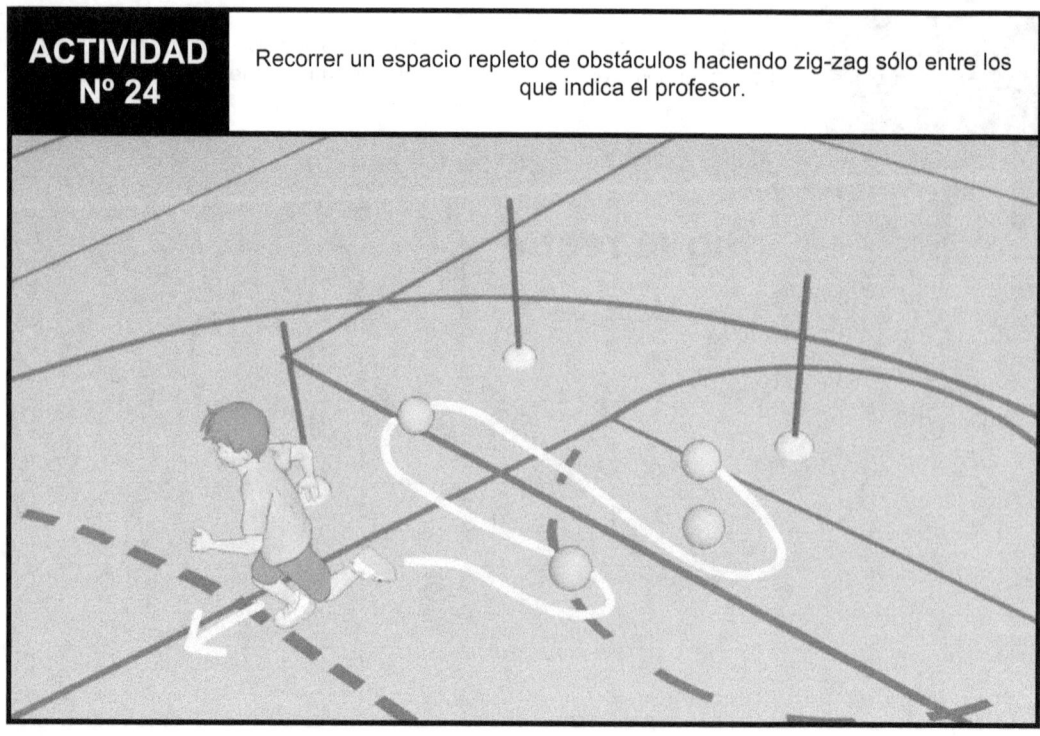

| ACTIVIDAD Nº 25 | Desplazarse por un espacio repleto de obstáculos girando hacia los lados que indica nuestro compañero. |

| ACTIVIDAD Nº 26 | En tríos, el primero se desplaza a diferentes velocidades y el resto le intenta seguir siempre a la misma distancia. |

| ACTIVIDAD Nº 27 | En tríos, desplazarse por el espacio de trabajo formando figuras y cambiando de una a otra manteniendo siempre la misma distancia entre cada compañero. |

| ACTIVIDAD Nº 28 | Jugar al gato y al ratón, pudiéndose desplazar el que la queda por una zona delimitada por conos sin salirse. |

ACTIVIDAD Nº 29

Igual que el ejercicio anterior, pero ahora los pases se deben de realizar con los pies.

ACTIVIDAD Nº 30

Igual que los ejercicios anteriores, pero ahora los pases tienen que ser picados y tienen que botar dentro de la zona delimitada.

ACTIVIDAD Nº 31 — Por tríos, desplazarse por el espacio de trabajo cambiándose dos balones lo más rápido posible sin que un mismo jugador los tenga a la vez.

ACTIVIDAD Nº 32 — Igual que el ejercicio anterior, pero ahora los pases se realizan con los pies.

ACTIVIDAD Nº 33

Por parejas, desplazarse hasta el lado contrario de la pista pasándose una pelota y variando la distancia entre compañero.

ACTIVIDAD Nº 34

Por parejas, desplazarse hasta el otro lado de la pista pasándose una pelota de formas variadas.

ACTIVIDAD Nº 35

Por parejas, el primero dentro de un aro, lanza una pelota hacia arriba para que la atrape su compañero antes de caer. Éste se la devuelve para que lo lance de nuevo a otra distancia.

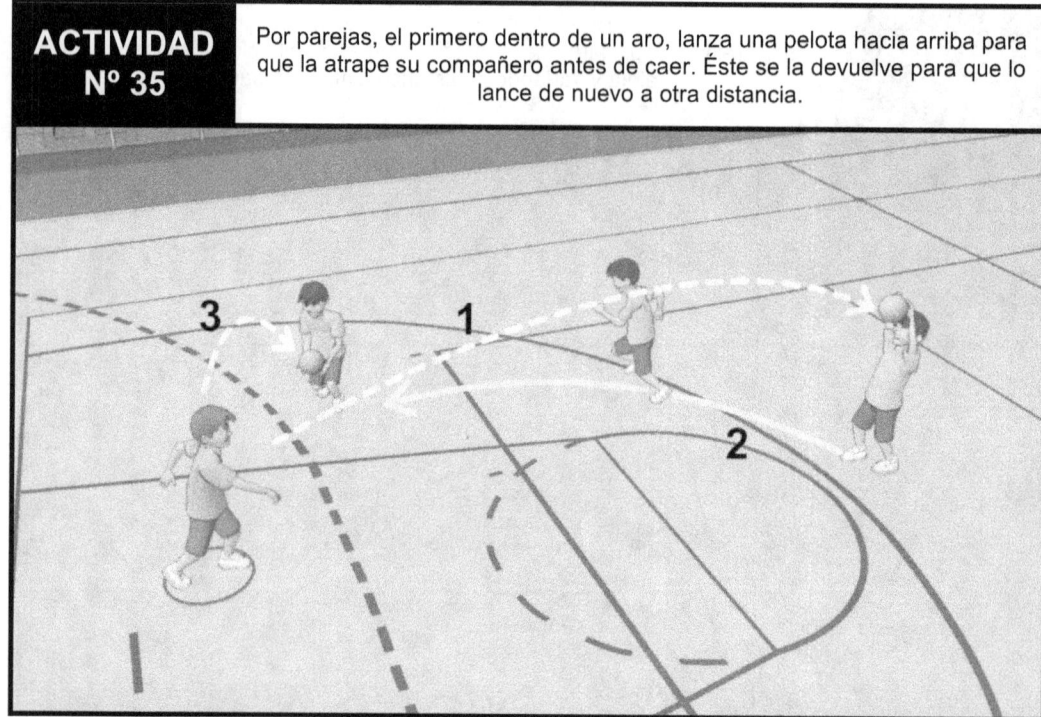

ACTIVIDAD Nº 36

Al revés que en el ejercicio anterior, ahora el que modifica su posición es el que lanza la pelota hacia arriba intentando que llegue al compañero que esta dentro del aro.

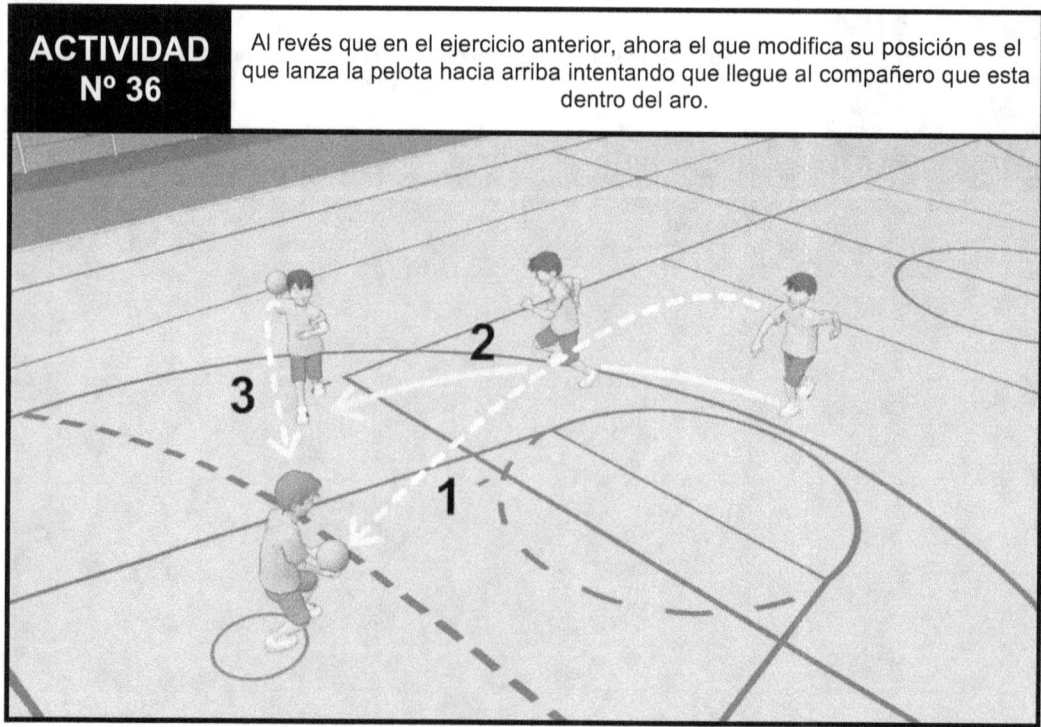

ACTIVIDAD Nº 37

Por parejas, el primero chuta el balón contra una pared y su compañero la recoge antes de que dé un número determinados de botes.

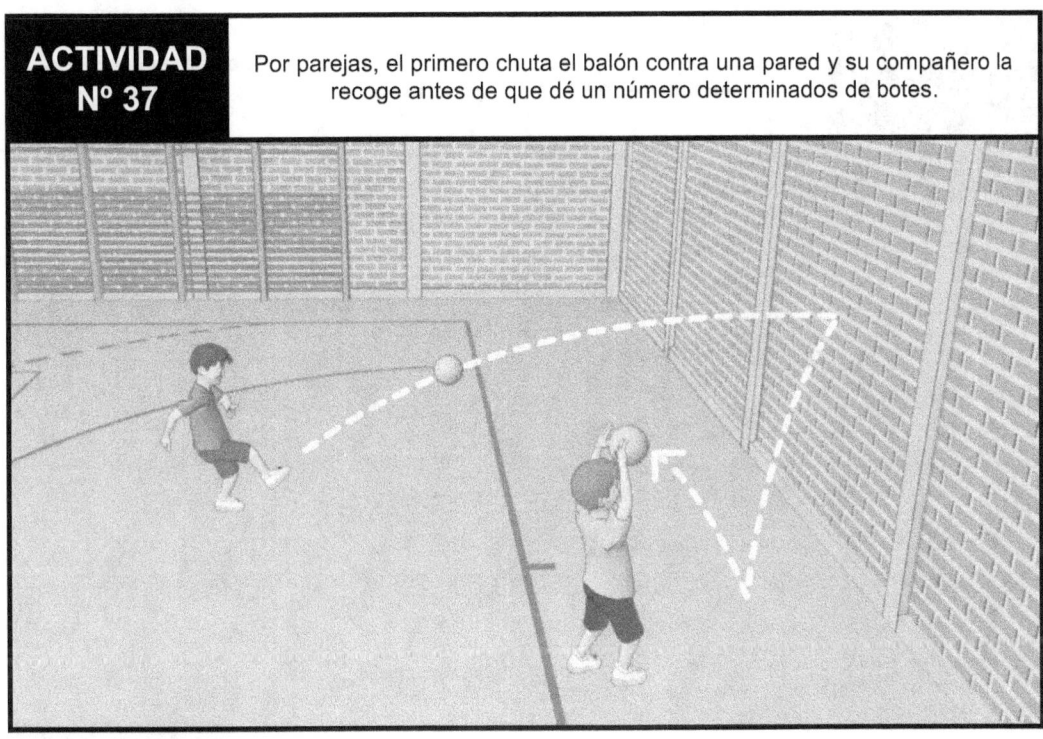

ACTIVIDAD Nº 38

Igual que el ejercicio anterior, pero ahora no está permitido ningún bote previo.

| ACTIVIDAD Nº 41 | Por parejas, el primero bota el balón con una mano mientras su compañero lo conduce con el pie del lado contrario. |

| ACTIVIDAD Nº 42 | Por parejas, correr manteniendo la misma distancia entre ambos para que no se nos caiga la cuerda que transportamos sobre los hombros. |

ACTIVIDAD Nº 43

Por parejas, desplazarse corriendo uno detrás del otro siempre a la misma distancia para que no se suelte la cuerda que llevamos atrapada débilmente en el pantalón.

ACTIVIDAD Nº 44

Por parejas, atrapando cada uno un cabo de la misma, un alumno intenta que siempre esté tensa mientras que el otro trata de impedirlo modificando su velocidad o la dirección del movimiento.

ACTIVIDAD Nº 45 — Por parejas, el primero le lanza una cuerda enrollada a su compañero para que éste la recoja en una posición determinada (por la espalda, cerca del suelo, a un lado…).

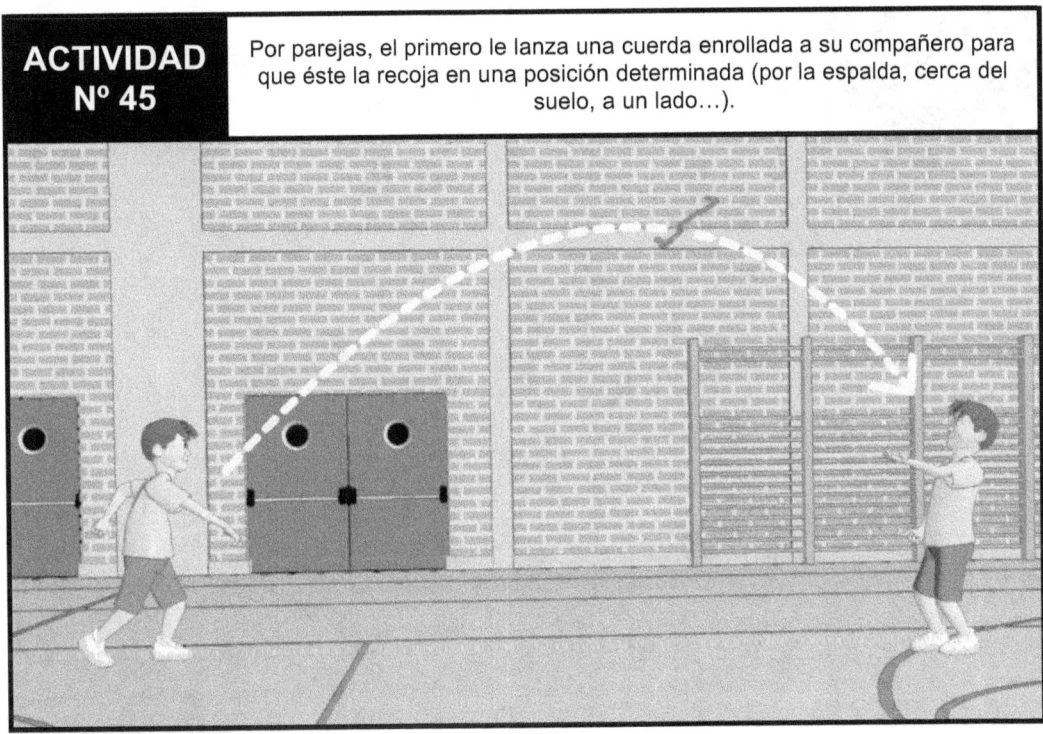

ACTIVIDAD Nº 46 — Igual que el ejercicio anterior, pero ahora el alumno que lanza la cuerda también indica a qué lado debe atraparla.

| ACTIVIDAD Nº 47 | Por tríos, siempre desplazándose hacia delante y hacia atrás, los dos primeros mantienen una cuerda tensa y un pañuelo, y el tercero va y viene intentando atraparlo. |

| ACTIVIDAD Nº 48 | Por tríos o en grupos, dos alumnos bailan una comba y el resto tienen que saltar por encima sin interrumpir el movimiento. |

| ACTIVIDAD Nº 49 | En grupos, mantener por parejas diferentes cuerdas a modo de vallas para que las salten otros compañeros. |

| ACTIVIDAD Nº 50 | Igual que el ejercicio anterior, pero ahora las cuerdas se colocan altas o bajas para pasarlas por debajo o por arriba según correspondan. |

| **ACTIVIDAD Nº 1** | Individualmente con un balón, lanzarlo hacia arriba intentando dar un determinado número de palmadas antes de atraparlo. |

| **ACTIVIDAD Nº 2** | Individualmente con un balón, botarlo a diferentes velocidades (rápido, lento…). |

ACTIVIDAD Nº 3

Individualmente con un balón, rodarlo por el suelo y correr respecto a él según indique el profesor (delante, a un lado, de tras de él).

ACTIVIDAD Nº 4

Desplazarse hasta el otro lado del terreno de juego lo más rápido posible botando el balón.

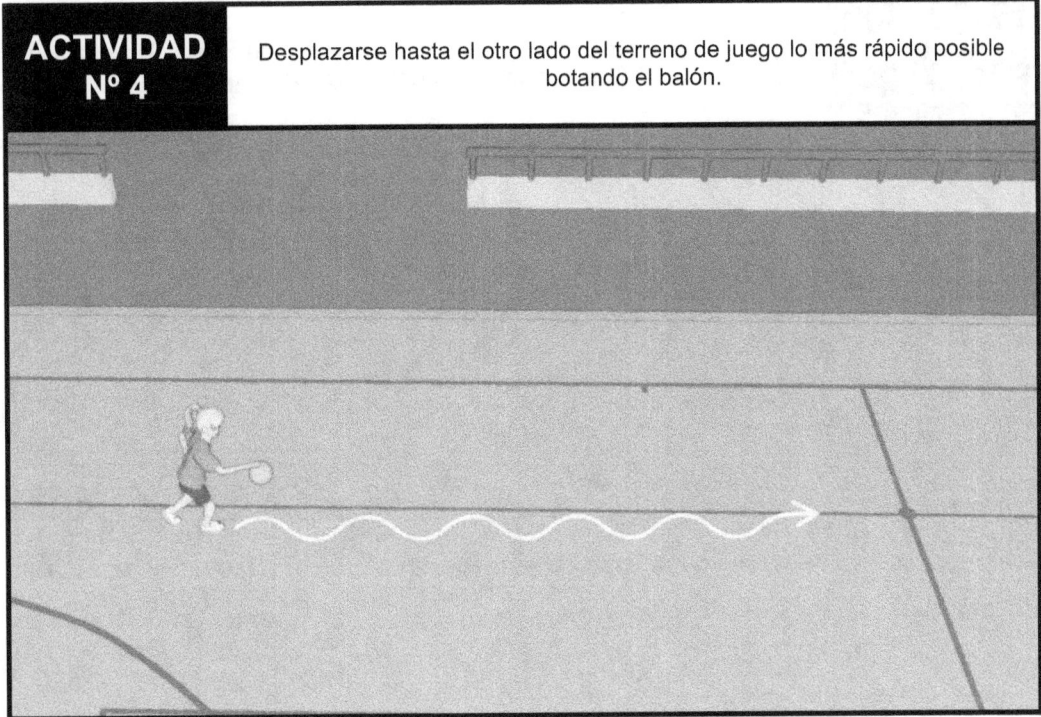

ACTIVIDAD Nº 5 — Por parejas con un balón, pasárselo de compañero a compañero a diferentes velocidades.

ACTIVIDAD Nº 6 — En gran grupo, movernos al ritmo de la música por todo el espacio de trabajo. Si la música para nosotros nos paramos.

| ACTIVIDAD Nº 7 | Por parejas, el primero se desplaza por el espacio de trabajo y se para cuando quiere. El segundo sólo se puede mover cuando su compañero está parado. |

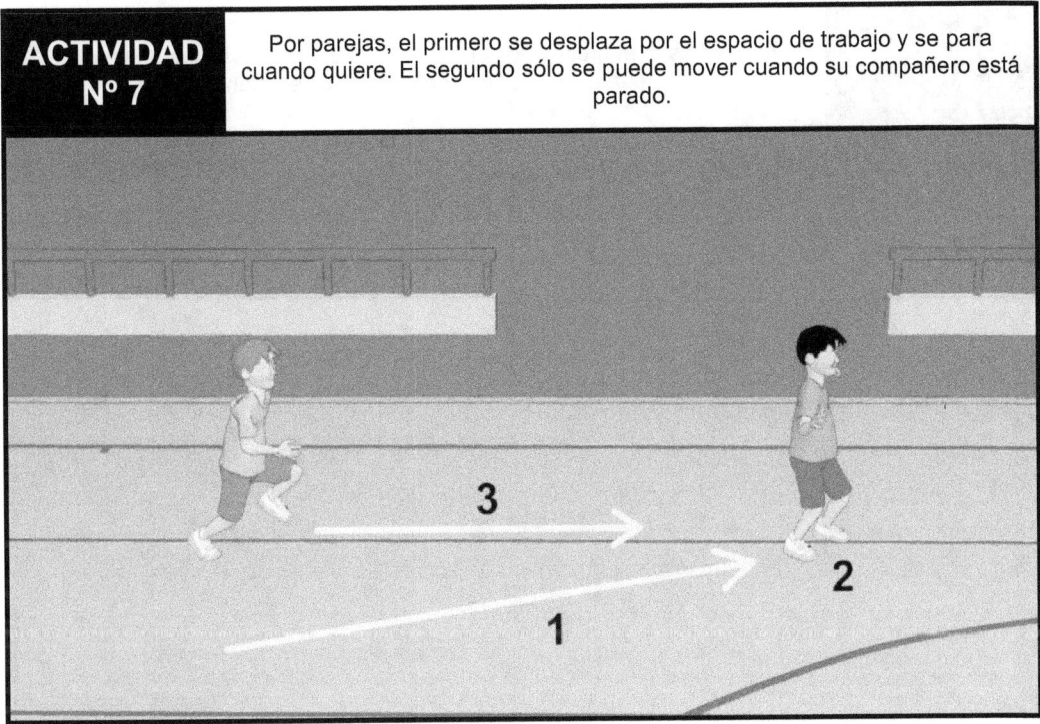

| ACTIVIDAD Nº 8 | Individualmente con un balón, desplazarnos dando saltos mientras seguimos el ritmo de nuestros botes. |

ACTIVIDAD Nº 9: Por parejas o en grupos, los que no tienen balón sólo se pueden mover cuando el equipo contrario no esté botando.

ACTIVIDAD Nº 10: Por parejas, desplazarse un compañero tras otro intentando el de atrás tocar en la espalda al de delante cuando éste no esté mirando.

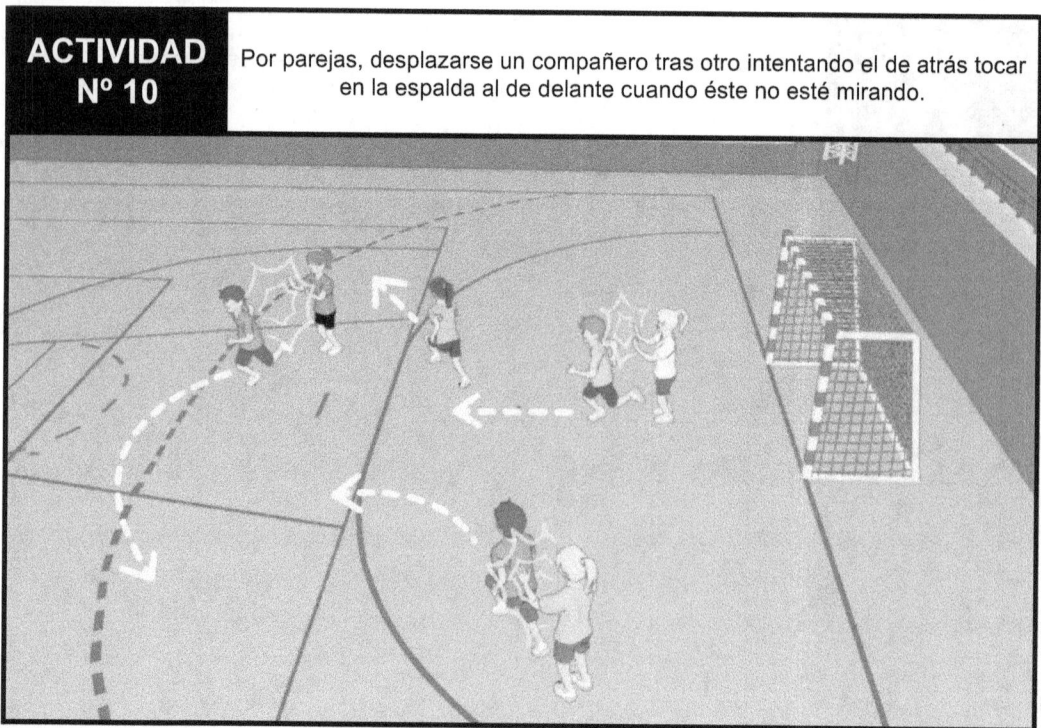

ACTIVIDAD Nº 11 — Individualmente con una cuerda, intentar saltarla a pies juntos a diferentes velocidades.

ACTIVIDAD Nº 12 — Estableciendo un tiempo determinado para todos los alumnos, ¿quién da más saltos seguidos?

ACTIVIDAD Nº 13

Por parejas, el primero lleva un ritmo dando palmas y su compañero intenta imitarlo mientras salta la comba.

ACTIVIDAD Nº 14

Por parejas, cada uno con una cuerda, intentar saltar llevando siempre el mismo ritmo.

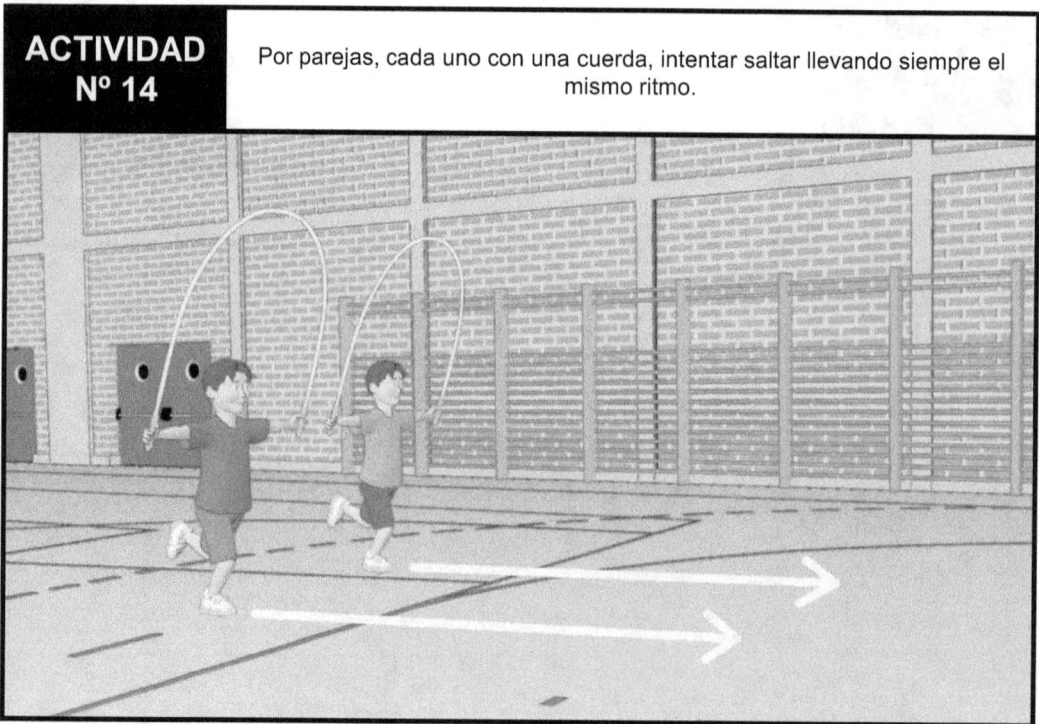

ACTIVIDAD Nº 15

Realizar una carrera de relevos saltando una comba en el que el testigo es la propia cuerda.

ACTIVIDAD Nº 16

Individualmente con una pica, desplazarse por el espacio de trabajo dando un número de pasos establecido previamente por el profesor y después golpear con la pica en el suelo (golpear cada tres o cinco pasos).

ACTIVIDAD Nº 17 — Igual que el ejercicio anterior, pero ahora golpeamos con la pica en el suelo cuando lo indique el profesor.

ACTIVIDAD Nº 18 — Por parejas, con una pica, ¿cuál de los dos es capaz de mantenerla en equilibrio más tiempo sobre la palma de la mano?

ACTIVIDAD Nº 19

Por parejas, cada uno con una pica, uno inventa un ritmo y su compañero tiene que imitarlo. Cuando lo haya conseguido hay cambio de roles.

ACTIVIDAD Nº 20

En gran grupo, todos se desplazan detrás de un compañero que varía la velocidad.

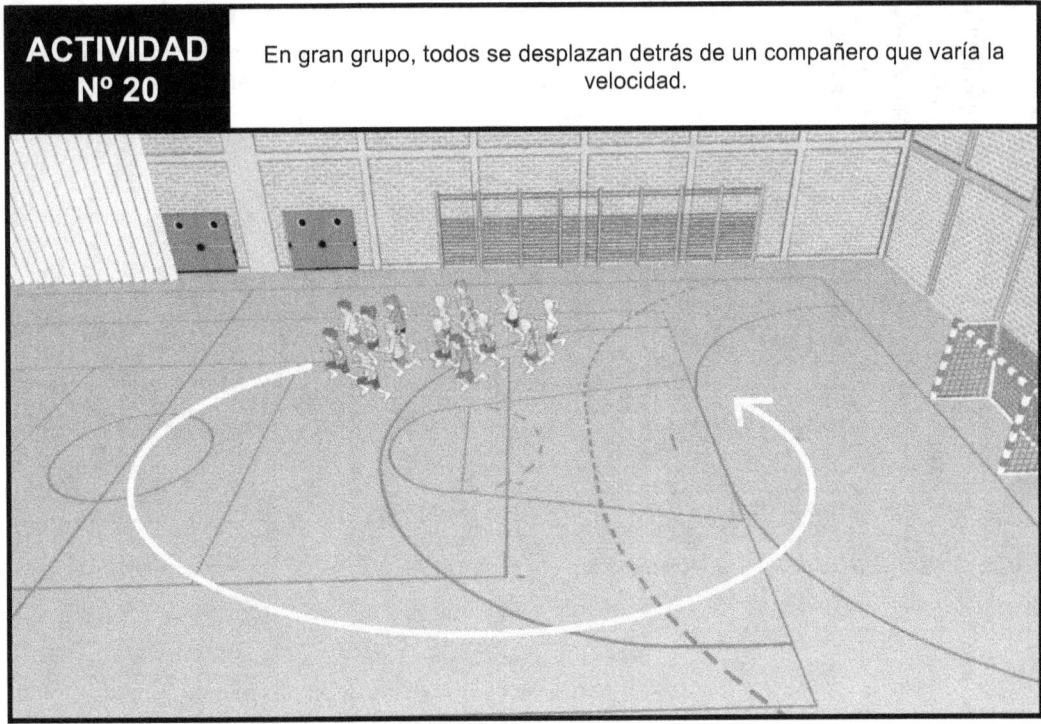

ACTIVIDAD Nº 21

Por parejas, uno al lado del otro, intenta mantenerse en esta posición mientras su compañero cambia de dirección y de velocidad.

ACTIVIDAD Nº 22

Por parejas, el primero realiza un desplazamiento modificando su velocidad, y después su compañero tiene que copiarlo.

ACTIVIDAD Nº 23

Por parejas, el primero inventa un ritmo con un pandero mientras su compañero se desplaza al ritmo de la percusión.

ACTIVIDAD Nº 24

Igual que el ejercicio anterior, pero ahora el que se desplaza por el espacio de trabajo lo hace dando saltos.

| ACTIVIDAD Nº 25 | Individualmente, intentar reproducir un ritmo que hemos escuchado antes en una canción dando golpes en el suelo. |

| ACTIVIDAD Nº 26 | Igual que en el ejercicio anterior, pero ahora intentamos reproducir el ritmo de la canción golpeándonos diferentes partes del cuerpo. |

ACTIVIDAD Nº 27

Por parejas, un alumno inventa un ritmo muy rápido y lo reproduce en un pandero para que su compañero se mueva a ese ritmo/velocidad.

ACTIVIDAD Nº 28

Igual que el ejercicio anterior, pero ahora el ritmo es muy lento.

ACTIVIDAD Nº 29 — Por parejas, representar gestos deportivos u otras acciones a la velocidad que indica el profesor (cámara rápida, cámara lenta).

ACTIVIDAD Nº 30 — Por parejas, el primero se desplaza por el espacio de trabajo a diferentes velocidades y su compañero tiene que adivinar a qué ritmo va.

| ACTIVIDAD Nº 31 | En grupo, un compañero marca un ritmo dando palmas mientras el resto se desplaza por una fila de aros imitando ese mismo ritmo. |

| ACTIVIDAD Nº 32 | Igual que el ejercicio anterior, pero ahora tenemos que dar dos saltos en cada aro. |

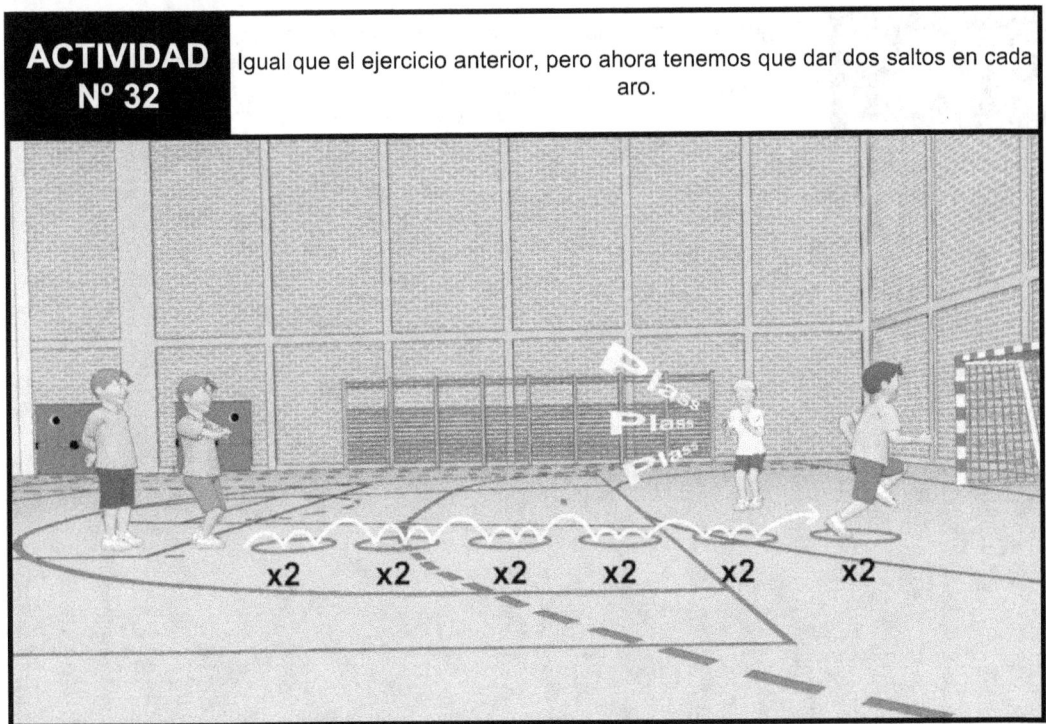

ACTIVIDAD Nº 33

Igual que el ejercicio anterior, pero ahora nos desplazamos siguiendo el ritmo mientras damos tres saltos en cada aro.

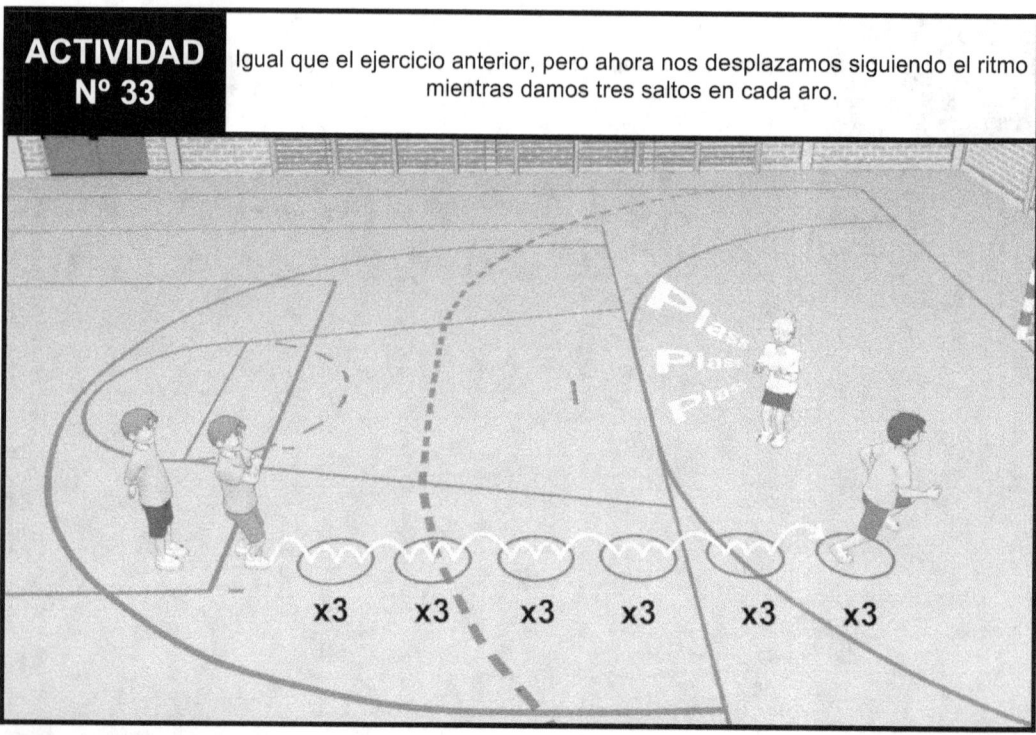

ACTIVIDAD Nº 34

En grupos de igual número, realizar una carrera en que, el que la queda, le pasa el balón al primer compañero para que se siente, éste se la devuelve y ahora pasa al segundo de la fila y así sucesivamente. El primero que siente a todo su grupo gana.

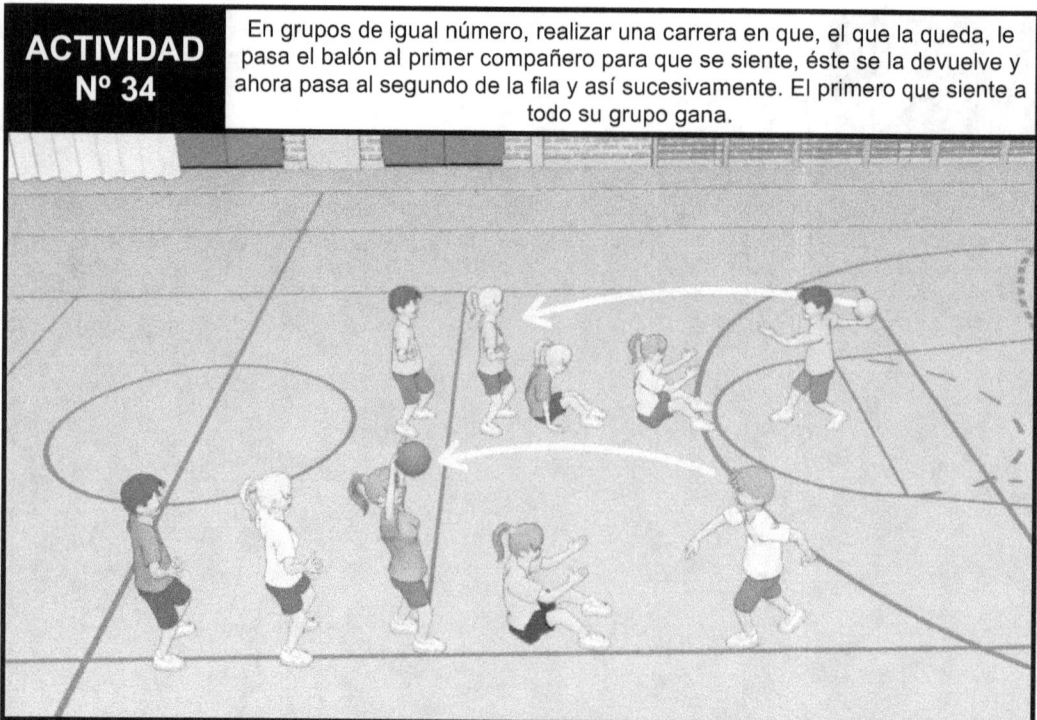

| ACTIVIDAD Nº 35 | En grupos, cada uno con tres balones y frente a una fila de tres aros, realizar una carrera de relevo en la que cada alumno debe hacer tres viajes de ida y vuelta para bien recoger o bien colocar las pelotas dentro de los aros según le toque en su turno. |

| ACTIVIDAD Nº 36 | Desplazarse por un espacio lleno de balones sin tocarlos. |

| ACTIVIDAD Nº 37 | Individualmente con un balón, botarlo imitando el ritmo de botes que marca el profesor. |

| ACTIVIDAD Nº 38 | Igual que el ejercicio anterior, pero ahora imitamos la velocidad y la conducción del balón que realiza el profesor. |

ACTIVIDAD Nº 39

Por parejas, cada uno con un balón, intentar chutar contra una pared para que golpeen los dos balones a la vez.

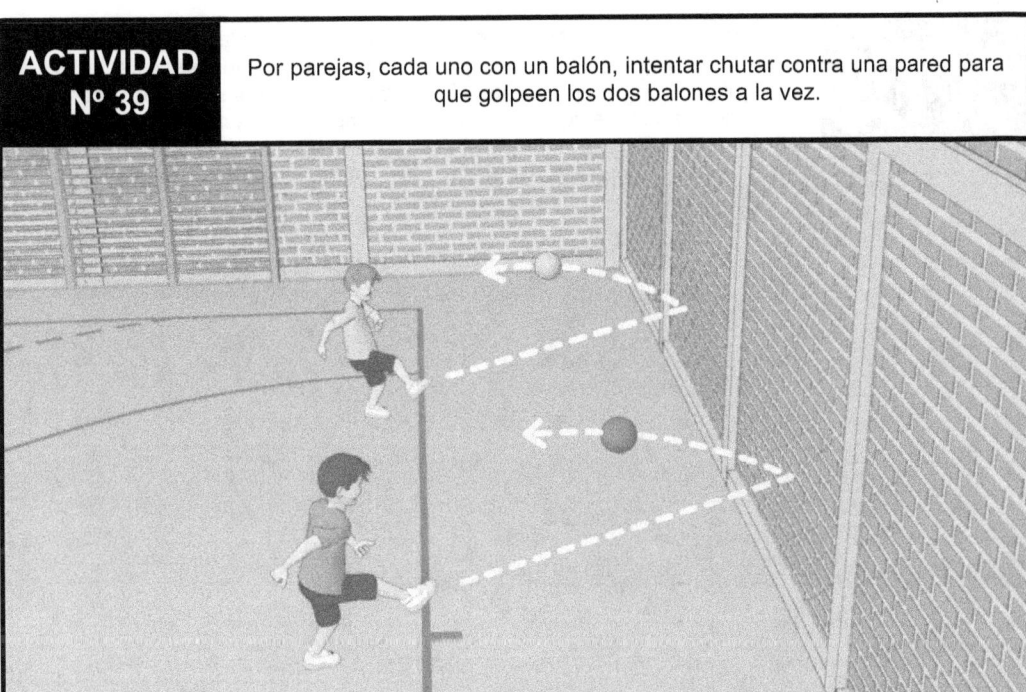

ACTIVIDAD Nº 40

Por parejas, el primero bota o realiza varios movimientos con el balón, y a continuación su compañero tiene que imitarlo.

ACTIVIDAD Nº 41

En grupo, realizar una carrera de relevos en la que el último corre haciendo zig-zag entre sus compañero y cuando llega al principio se acuesta. El siguiente compañero vuelve a hacer zig-zig y al final salta al que esta acostado y se acuesta. Así sucesivamente hasta llegar al final.

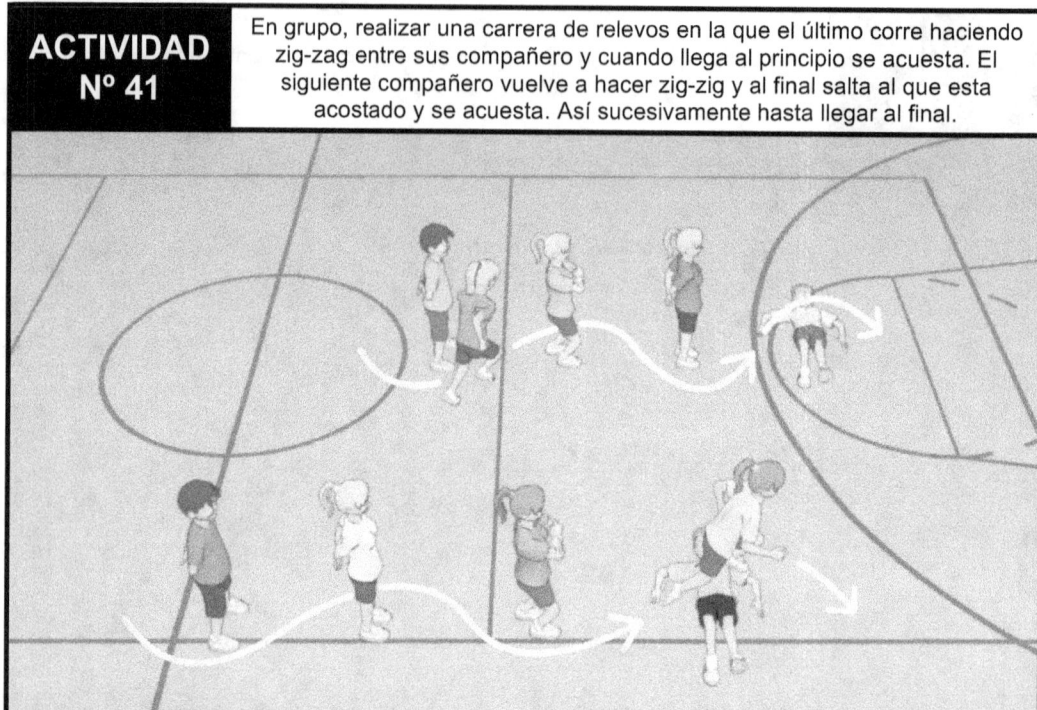

ACTIVIDAD Nº 42

En grupo sentados en círculo, el profesor marca un ritmo y, a cada palmada, el alumno al que le corresponda el turno se sienta o se levanta.

ACTIVIDAD Nº 43

Desplazarse por una fila de aros pisando con un pie en cada uno de ellos.

ACTIVIDAD Nº 44

Desplazarse por una fila de aros, dando un salto en el primero, dos en el segundo, tres en el tercero, y así sucesivamente hasta llegar al final.

ACTIVIDAD Nº 45 — Igual que el ejercicio anterior, pero ahora tenemos que dar un número de saltos determinados en cada aro.

ACTIVIDAD Nº 46 — Tras haberse desplazado por una fila de aros, reproducir el ritmo que hemos llevado dando esta vez golpes con los pies en el suelo.

| ACTIVIDAD Nº 47 | Moverse libremente y chillar cuando el profesor nos esté mirando. Cuando se da la vuelta todos se quedan como estatuas. |

| ACTIVIDAD Nº 48 | Por parejas, si nuestro compañero corre nosotros saltamos, y si se acuesta nosotros gateamos. |

| ACTIVIDAD Nº 49 | En grupos, sentados haciendo un tren y asignándole a cada uno un color, cada vez que el profesor muestre la cartulina con el color de nuestro grupo nos moveremos hacia delante. |

| ACTIVIDAD Nº 50 | Por grupos, realizar una carrera de relevos en la que hay que pasar por una fila de aros siguiendo las indicaciones del profesor. |

www.ingramcontent.com/pod-product-compliance
Lightning Source LLC
Chambersburg PA
CBHW081841230426
43669CB00018B/2776